예수님의 10가지 명령

예수님의 10가지 명령

성경에서 찾은 그리스도인을 위한 가르침

초판 1쇄 인쇄 | 2020년 10월 22일
초판 2쇄 발행 | 2022년 02월 10일

지은이 | 송태근
발행인 | 강영란
편집 | 강혜미, 권지연
디자인 | 트리니티
마케팅 및 경영지원 | 이진호

펴낸곳 | 도서출판 샘솟는기쁨
주소 | 서울시 충무로 3가 59-9 예림빌딩 402호
전화 | 대표 (02)517-2045
팩스 | (02)517-5125(주문)
이메일 | atfeel@hanmail.net
홈페이지 | https://blog.naver.com/feelwithcom
페이스북 | https://www.facebook.com/publisherjoy
출판등록 | 2006년 7월 8일

ISBN 979-11-89303-35-8(03230)

이 도서의 국립중앙도서관 출판예정도서목록(CIP)은
서지정보유통지원시스템 홈페이지(http://seoji.nl.go.kr)와
국가자료종합목록 구축시스템(http://kolis-net.nl.go.kr)에서
이용하실 수 있습니다. (CIP제어번호 : CIP2020044084)

※책값은 뒤표지에 있습니다.
※잘못 만들어진 책은 바꿔 드립니다.

예수님의
10가지 명령

성경에서 찾은
그리스도인을 위한 가르침

10 Commandments
of Jesus Christ

송태근 지음

샘솟는
기쁨

영광스런 삶을 위한 길잡이

예수님은 하나님의 영광을 추구하며 살다가 영광스럽게 죽으시고 영광스럽게 부활하셨으며, 영원토록 영광스럽게 되셨습니다. 또한 성경은 예수님이 하나님께로부터 받은 영광을 제자들에게 주었다고 기록합니다(요17:1,5,22). 우리는 예수님의 영광스런 제자들이기 때문에 예수님 안에 거하여 풍성한 열매를 맺어 하나님께 영광을 돌리며 영광스런 삶을 살아야 합니다. 오직 우리가 추구해야 하는 것은 하나님의 영광입니다.

송태근 목사님의 『예수님의 10가지 명령』이 풍성한 삶의 열매를 맺어 하나님께 영광을 돌리며 영광스런 삶을 살기 원하는 모든 믿는 사람들에게 좋은 길잡이가 되리라 기대하며 추천합니다.

안강희 선교사 ▪

▪
안강희 선교사는 1970년대 후반 대학생선교회(CCC)에서 선교 활동을 시작해 현재까지 인도를 중심으로 미전도종족 선교에 힘쓰고 있다. FTT(Finishing The Task) 운동 국제 실행 총무로도 섬기고 있다.

차 례

원색의 복음, 회복하자!

몇 년 전 새로운 선교지 답사를 위해 인도를 방문했습니다. 10년 넘게 인도에서 선교사로 사역하고 있는 안강희 선교사님과 그분께 전도를 받아 헌신하게 된 현지인 목사님의 안내로 인도 선교의 현장을 직접 살펴보게 되었습니다.

마을 곳곳을 다니며 복음을 전하는 사역을 지켜보던 중, 두 눈을 의심할 수밖에 없는 상황을 만났습니다. 우리가 찾았던 보팔 지역은 개종 반대법이 제정되어 있어 기독교로 개종하는 사람은 무시무시한 핍박과 함께 생명의 위협까지도 받을 수 있는 지역입니다.

그런 지역에서 아주 짧은 시간 동안 복음이 선포되었고, 그 자리에서 바로 결신 초청이 이어졌습니다. 당연히 결신자가 나오기 힘들거라고 생각했습니다. 그런데 놀랍게도 그 자리에 있던 사람의 90% 이상이 손을 들고 초청에 응했습니다.

이어지는 장면은 더 놀라웠습니다. 인도 현지 목사님이 가방에서 생수병을 꺼내더니 그 자리에서 결신한 사람에게 세례를 주었습

(위) 인도 선교 현장에서 현지인
목사님께서 복음 선포에 이어
결신자들에게 그 자리에서 곧바로
세례하고 있다.

(아래) 복음을 처음 들은 사람들이
헌금 대신 감자나 채소를 내놓는다.

니다. 예수 믿겠다고 선언한 바로 그 자리에서 말입니다.

그것이 끝이 아니었습니다. 목사님은 우리 일행 중 한 장로님이 쓰고 다니던 모자를 빌려가더니 헌금 바구니 삼아 거기 있던 사람들에게 돌리기 시작했습니다. 오늘 복음을 처음 들은 사람들에게 말입니다. 저 사람들이 무슨 돈이 있으며, 있다고 한들 무슨 헌금을 하겠나 싶었습니다.

그러나 예상과는 달리 사람들은 헌금을 하기 시작했습니다. 돈이 없는 사람들은 집에 가서 감자나 채소를 들고 오기도 했습니다. 예수 믿고 세례 받은 감사의 마음을 가지고 자기의 것을 내놓았습니다.

목사님은 한술 더 떠 세례를 받은 사람에게 예배를 위해 집을 오픈해 줄 수 있는지 물었습니다. 그 사람은 고심 끝에 고개를 끄덕이고, 정해진 날짜에 예배를 드리기로 약속했습니다. 그렇게 순식간에 가정교회 하나가 탄생했습니다. 그야말로 충격의 연속이었습니다.

그렇게 서로 축하를 하고 그 집을 빠져나오는데, 골목 여기저기에서 사람들이 뛰어나와 우리 일행을 붙잡기 시작했습니다.

"오늘 우리 애가 사고를 당했어요."

"가족이 아파요."

사람들이 각자의 사정을 가지고 골목에서 쏟아져 나왔습니다. 사람들의 이야기를 들어주고 전심을 다해 기도한 후, 그곳을 빠져나

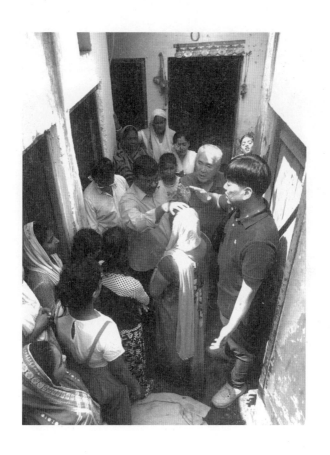

처음 세례받은 사람에게 집을 오픈해 줄 수 있는지 물었고,
그렇게 순식간에 가정교회 하나가 탄생되는 순간이었다.

인도 선교 현장은 감동과 은혜 너머 큰 충격으로 다가왔고,
마치 사도행전의 역사가 이어지는 현장 같았다.

오는 데 또 한 시간이 걸렸습니다.

우리 일행이 방문했던 모든 현장에서 이러한 패턴이 반복되는 것을 보고 그저 놀랍다는 말밖에 할 수 없었습니다. 인도 선교의 현장은 감동과 은혜이기보다는 너무나 큰 충격으로 다가왔습니다. 기름기와 군더더기가 다 빠진 느낌이라고 할까요? 마치 사도행전의 역사가 생생한 현장 같다는 인상을 받았습니다.

원색의 복음이 선포되고, 믿고 세례를 받는 무리가 더해지며, 결신한 이들이 감사의 마음으로 자신의 것을 내어놓는 생생한 복음의 역사가 일어나고 있었습니다.

그것을 보며 예수님께서 희어져 추수할 때가 되었다고 하신 요한복음 4장의 말씀이 무슨 뜻인지 조금 알 수 있을 것 같았습니다. 낫만 대면 후드득 열매가 떨어지게 준비된 현장이었습니다. 영적인 허기와 열망과 갈증이 오를 대로 올라 있는 곳이었습니다.

선교 현장이니까 가끔 그런 일도 있는 거라고 생각할 수도 있을 것입니다. 그런데 이것이 어느 선교 현장의 이야기일 수만은 없다고, 아니 그래서는 안 된다고 생각하게 되었습니다.

돌아오는 내내 한국 교회와 우리의 삶이 너무 비본질적인 것으로 기름기가 끼어있구나, 이것을 좀 걷어 내야겠구나 하는 생각을 멈출 수 없었습니다. 우리 한국 교회는 선교 135주년을 넘어가고 있습니다. 그동안 너무 비본질적인 것들, 각종 기름과 때에 찌들어 복음의 능력을 잃어버린 것은 아닐까요?

궁금했습니다. 도대체 안 선교사님은 어떻게 지난 십몇 년 동안 인도에서 이런 놀라운 기적을 일구어 냈을까? 그 답을 선교사님의 가르침에서 찾을 수 있었습니다.

선교사님은 성경의 핵심적인 열 개의 가치를 선포하고, 가르치고, 훈련시키고 계셨습니다. '회개, 세례, 말씀 안에 거하기, 기도, 성령 충만, 성찬, 사랑, 헌금, 전도와 제자화' 여기까지는 우리가 익숙하게 접하고 다루는 주제인데 마지막 열 번째 주제인 '핍박 속에서 기뻐함'이 마음에 와닿았습니다.

그분들이 예수를 믿고 산다는 것은 우리네 정서와 달랐습니다. 문자 그대로 생명을 걸고 어떤 위협 속에서도 예수를 따르겠다는 결단이었습니다. 법을 어겨 가면서도 길을 좇아 나선 사람들입니다. 기꺼이 복음과 함께 고난 받겠다고 나선 사람들입니다. 그래서 마지막 주제가 핍박 속에 기뻐함이었습니다.

인도에서 돌아온 후, 원색의 복음을 회복하자는 의미에서 이 10가지 주제를 교우들과 나누어야겠다는 생각을 했습니다. 감사하게도 안 선교사님은 흔쾌히 이 주제를 설교할 수 있도록 많은 도움을 주셨습니다. 덕분에 그 주제들을 바탕으로 한국 교회 상황 속에서 다루어져야 할 부분들을 염두에 두고 여러 주간에 걸쳐 말씀을 나눌 수 있었습니다. 그리고 이를 다듬어 독자들과 만나게 되었습니다.

이 책에서 다루고자 하는 10가지 주제는 새로운 것이 아닙니다. 그러나 새로운 시각으로 이 주제들에 접근해 보고자 했습니다. 무엇보다 현재 한국 교회와 우리 사회가 당면하고 있는 문제들에 있어 기독교 신앙은 어떠한 차별성을 가질 수 있고, 또 어떻게 기여할 수 있는지에 대한 고민을 나누고자 했습니다.

선교지에서의 역사가 생생했던 이유는 척박한 땅에 생명력 있는 말씀이 뿌려졌기 때문입니다. 부디 우리 삶의 자리마다 이러한 생명의 복음이 다시 한번 뿌려지고 자라나 열매 맺게 되길 기대하며 기도합니다.

청파동 목양실에서
송태근 목사

안강희 선교사와 저자 송태근 목사

회
개

¹하나님이 야곱에게 이르시되 일어나 벧엘로 올라가서 거기 거주하며 네가 네 형 에서의 낯을 피하여 도망하던 때에 네게 나타났던 하나님께 거기서 제단을 쌓으라 하신지라 ²야곱이 이에 자기 집안 사람과 자기와 함께한 모든 자에게 이르되 너희 중에 있는 이방 신상들을 버리고 자신을 정결하게 하고 너희들의 의복을 바꾸어 입으라 ³우리가 일어나 벧엘로 올라가자 내 환난 날에 내게 응답하시며 내가 가는 길에서 나와 함께 하신 하나님께 내가 거기서 제단을 쌓으려 하노라 하매 ⁴그들이 자기 손에 있는 모든 이방 신상들과 자기 귀에 있는 귀고리들을 야곱에게 주는지라 야곱이 그것들을 세겜 근처 상수리나무 아래에 묻고 ⁵그들이 떠났으나 하나님이 그 사면 고을들로 크게 두려워하게 하셨으므로 야곱의 아들들을 추격하는 자가 없었더라

본문은 성경에서 아주 극적인 장면 중 하나입니다. 큰 어려움에 직면한 야곱과 그의 가족들은 모든 이방 신상을 버리고 스스로를 정결하게 합니다. 의복을 갈아입고 벧엘로 올라갑니다. 그래서 흔히 우리는 이 사건을 야곱의 회개라고 말합니다.

야곱은 20년 만에 외삼촌 집 밧단아람에서 하나님의 지시와 은혜를 따라 가나안 땅으로 돌아왔습니다. 그가 처음에 장막을 치고 땅을 산 곳은 세겜이었습니다. 적어도 값을 지불하고 땅을 샀다는 것은 이곳에 영주할 마음과 의도가 있었다는 뜻입니다.

그러나 그는 세겜에서 머물 것이 아니라 벧엘로 가야 했습니다. 20년 전 홀로 있던 밤에 여호와께서 임재하셔서 언약으로 다가오셨던 곳, 바로 그 벧엘로 갔어야 옳았습니다. 결국 값을 지불해 세겜의 땅을 사고, 장막을 치며 거주할 것이 아니었습니다.

그런데 그만 야곱의 외동딸 디나가 세겜 땅에서 한 족속의 추장 아들에게 큰 치욕을 당하게 됩니다. 거기서 끝이 아니었습니다. 이 소식을 들은 디나의 오라비 시므온과 레위가 칼을 빼 들고 세겜 성읍에서 끔찍한 복수극을 벌였습니다. 이 엄청난 소식을 들은 야곱은 다음과 같이 반응합니다.

> [30]야곱이 시므온과 레위에게 이르되 너희가 내게 화를 끼쳐 나로 하여금 이 땅의 주민 곧 가나안 족속과 브리스 족속에게 악취를 내게 하였도다 나는 수가 적은즉 그들이 모여 나를 치고 나를 죽이리니

그러면 나와 내 집이 멸망하리라 (창 34:30)

야곱의 반응 속에서 주목할 단어는 '나'입니다. 야곱은 이 끔찍한 가족의 불행을 앞에 두고서 오로지 자기 자신의 입장에만 골몰하고 있습니다. 정말 제정신을 가진 아버지라면 딸의 아픔에 통감하는 모습을 보였어야 합니다. 그러나 야곱은 시므온과 레위가 벌여 놓은 복수극 때문에 자신의 집안이 멸망할 걱정만 하고 있습니다. 그 모습을 본 두 아들은 아버지를 향해 분노를 쏟아 냅니다.

³¹그들이 이르되 그가 우리 누이를 창녀 같이 대우함이 옳으니이까

(창 34:31)

우리는 이 두 아들의 말에서 드러나는 슬픔의 표현을 눈치채야 합니다. 그들은 디나를 '우리 누이'라고 부릅니다. 왜 이런 표현을 썼을까요?

야곱은 네 여인에게서 열두 자녀를 낳았습니다. 가장 사랑했던 여인 라헬에게서 낳은 요셉과 베냐민 외에 다른 자식들은 자식으로 인정하지 않았습니다. 네 여인에게서 난 형제들 사이가 얼마나 복잡했을까요? 한 배에서 난 열두 명도 복잡할 텐데 하물며 네 어머니의 배에서 난 자식들 사정이 간단할 수는 없었으리라 짐작할 수 있습니다.

이러한 사정이 있어 생명 같은 딸임에도 불구하고 딸의 불행에 대해 전혀 감정적 표현이 없었던 것입니다. 그렇기에 디나와 한 배에서 난 시므온과 레위는 절규할 수밖에 없었습니다. 딸의 고통에 대해 분개하지도 슬퍼하지도 않는 야곱을 원망했습니다. 온갖 복잡한 가정사와 더불어 슬픔과 위기까지 불어닥치며 야곱의 가족을 휘감았습니다. 그때 하나님께서 말씀하십니다.

> ¹하나님이 야곱에게 이르시되 일어나 벧엘로 올라가서 거기 거주하며 네가 네 형 에서의 낯을 피하여 도망하던 때에 네게 나타났던 하나님께 거기서 제단을 쌓으라 하신지라 (창 35:1)

하나님은 야곱에게 벧엘로 올라가라고 명령하십니다. 이 벧엘을 향한 행로는 야곱이 아니라 하나님께서 주도하신 것입니다. 그렇습니다. 회개는 인간이 주도하는 것이 아닙니다. 우리가 의지적으로 회개해서 올바르게 회개한 적이 있을까요? 인간은 절대 그럴 만큼 괜찮은 존재가 아닙니다. 인간만큼 끔찍하고 질긴 존재도 없습니다. 우린 절대로 스스로 각성하여 하나님께 온전히 회개한 적이 없습니다. 진짜 참된 부흥, 진짜 참된 회개는 하나님이 주도하시는 회개입니다.

벧엘은 하나님의 집이라는 뜻입니다. 그곳은 하나님과 야곱 사이의 스토리가 있는 곳입니다. 하나님께서 약속을 주신 곳입니다.

¹³또 본즉 여호와께서 그 위에 서서 이르시되 나는 여호와니 너의
조부 아브라함의 하나님이요 이삭의 하나님이라 네가 누워 있는
땅을 내가 너와 네 자손에게 주리니 (창 28:13)

야곱은 장자권을 확보하기 위해서 그의 형 에서와 아버지를 속
였습니다. 이것을 알게 된 에서가 분노하여 살의를 드러내자 어머
니 리브가는 이러다가 한날에 두 아들을 잃겠구나 하는 위기감을 느
낍니다. 결국 짐을 싸 야곱을 외삼촌 집으로 야반도주시킵니다. 그
러던 중 밤을 맞은 야곱은 루스 곧 벧엘에서 잠이 듭니다. 야곱이 매
우 고독한 시간을 겪고 있던 그때 하늘 문이 열리면서 하나님께서
야곱의 인생에 공식적으로 개입하십니다.

¹⁴네 자손이 땅의 티끌 같이 되어 네가 서쪽과 동쪽과 북쪽과 남쪽
으로 퍼져나갈지며 땅의 모든 족속이 너와 네 자손으로 말미암아
복을 받으리라 ¹⁵내가 너와 함께 있어 네가 어디로 가든지 너를 지
키며 너를 이끌어 이 땅으로 돌아오게 할지라 내가 네게 허락한 것
을 다 이루기까지 너를 떠나지 아니하리라 하신지라 (창 28:14-15)

야곱을 찾아오신 하나님은 그에게 '너와 함께 있겠다, 너를 지키
겠다, 너를 이끌어 다시 돌아오게 하겠다'는 세 가지를 약속하십니
다. 그런데 한 가지 의문이 듭니다. 야곱을 돌아오게 하실 거라면 굳

이 왜 지금 떠나게 하실까요? 바로 지금 이 현장에서 답을 주시면 될 텐데 말입니다.

그런데 하나님은 야곱으로 하여금 떠나게 하십니다. 여기에 하나님의 목적이 있습니다. 야곱은 돌로 치자면 원석입니다. 이를 하나님의 작품으로 만들기 위해서는 잘라 내고 뽑아내야 할 불순물이 너무 많았습니다. 야곱이 앞으로 겪게 될 고생은 하나님께서 그를 다듬어 하나님의 언약 백성으로 만들어 가는 과정이었습니다.

우리는 이런 경험을 한 성도들을 무수히 만납니다. 밧단아람의 시간을 겪어 내고 나서야 하나님께로 돌아온 사람들, 세상에서 돌고 돌아 다시 아버지 품으로 돌아온 분이 얼마나 많은지 모릅니다.

밧단아람에는 라반이라는 조교가 있었습니다. 야곱은 남의 것을 빼앗고, 훔치고, 움켜쥐는 데 일가견이 있는 사람인데 라반은 그런 야곱을 20년 동안이나 착취합니다. 시적 정의라고 해야 할지, 하나님의 교육 방법은 해학적이기까지 합니다. 자신보다 더 잘 속이고 더 잘 빼앗는 사람을 만나 혹독한 시간을 보내게 하니 말입니다. 훗날 야곱은 문자 그대로 험악한 세월을 보냈다고 말합니다.

그러나 야곱은 아직도 가야 할 길이 있었습니다. 그곳은 벧엘입니다. 밧단아람의 세월만으로 끝난 것이 아니었습니다. 하나님께서는 약속하신 그대로 야곱을 벧엘까지 이끌어 올리십니다. 야곱은 이 약속을 잊고 세겜에서 인생을 누리고자 했지만 하나님은 결코 이 약속을 잊지 않으시고 야곱을 벧엘로 돌아가게 만드셨습니다.

> ³우리가 일어나 벧엘로 올라가자 내 환난 날에 내게 응답하시며 내
> 가 가는 길에서 나와 함께 하신 하나님께 내가 거기서 제단을 쌓으
> 려 하노라 하매 ⁴그들이 자기 손에 있는 모든 이방 신상들과 자기
> 귀에 있는 귀고리들을 야곱에게 주는지라 야곱이 그것들을 세겜
> 근처 상수리나무 아래에 묻고 (창 35:3-4)

벧엘로 올라가기에 앞서 야곱은 자기 집에서 섬기던 이방의 신
상들을 세겜 근처 상수리나무 아래에 묻습니다. 그 모습을 보고 우
리는 야곱이 드디어 이방신을 버리고 하나님 앞에 돌아왔구나 하고
생각하기 쉽습니다.

그러나 여기에 '묻었다'라고 번역된 단어는 땅에 감추었다는 의
미입니다. 죄를 각성하고 버리려고 묻은 것이 아니라 은닉한 것입
니다. 그래서 영어 성경도 대부분 숨긴다는 의미의 'hide'로 번역합
니다.

야곱이 이 우상들을 완전히 버릴 마음이었다면 묻을 것이 아니
라 불태우거나 찍어버렸을 것입니다. 그러나 야곱은 그렇게 하지
않고 숨김으로써 여지를 두고 있습니다. 하나님께서 강권적으로 밀
어붙이시니 하기는 하지만 그 와중에도 차선책을 남겨둔 것입니다.

이것을 온전한 회개라고 말하기 어렵습니다. 사람 속에 있는 그

악한 불순물들이 뽑아지는 것이 하루아침에 되지 않습니다. 평생이 걸리는 싸움입니다. 하나를 뽑아내는 데 한 20년 돌아야 하고, 또 조금 뽑아내는 데 10년이 걸리고 하는 것입니다.

> ⁹야곱이 밧단아람에서 돌아오매 하나님이 다시 야곱에게 나타나사 그에게 복을 주시고 ¹⁰하나님이 그에게 이르시되 네 이름이 야곱이지마는 네 이름을 다시는 야곱이라 부르지 않겠고 이스라엘이 네 이름이 되리라 하시고 그가 그의 이름을 이스라엘이라 부르시고
>
> (창 35:9-10)

야곱이 밧단아람에서 돌아온 것은 야곱의 의지적 결단이 아니라 하나님의 강권적인 개입 때문이었습니다. 마찬가지로 벧엘에서 야곱을 다시 만나 주신 것도 야곱의 회개 때문이 아니라 하나님의 주권적인 사랑 때문이었습니다.

야곱은 하나님의 강권적 인도하심에도 불구하고 믿을 구석을 남겨 놓았던 질긴 인생입니다. 그런데도 하나님은 야곱의 이러한 연약함을 아시면서도 그분의 언약을 따라 야곱의 인생에 복을 주시고 그에게 이스라엘이라는 새로운 이름을 주십니다.

야곱은 결코 인간 스스로 온전한 회개에 이를 수 없다는 것을 전형적으로 보여주는 인물입니다. 인간의 의지적 결단만으로 회개하는 것은 불가능합니다. 하나님의 끈질긴 사랑만이 사람을 회개하게

만듭니다.

하나님의 사랑과 언약에 대한 신실하심이 인간의 의지적 결단이나 돌이킴보다 우선합니다. 로마서 5장 8장의 말씀에 나와 있듯이 우리가 아직 죄인 되었을 때 그리스도께서 우리를 위하여 죽으심으로 하나님께서 우리에 대한 자기의 사랑을 확증하셨습니다.

그러므로 교회가 새롭게 시작하기 위해서, 우리의 삶이 주님 앞에 새로워지기 위해서는 우리의 실력과 수준을 다시 확인해야 합니다. 인간은 결코 스스로 개선될 수 없습니다. 우리의 뼛속 깊은 죄성이 우리의 발목을 잡습니다. 이것을 인정하지 않는다면 회개나 부르짖는 개혁이나 갱신은 늘 위선적인 것이 될 수밖에 없습니다.

우리가 새롭게 될 수 있다는 소망은 결코 우리 자신에게 있지 않습니다. 오직 하나님의 긍휼과 사랑에 있습니다. 우리를 향한 신실하신 언약에 있습니다. 하나님은 예수 그리스도를 통해 그 사랑과 신실함을 먼저 나타내 보이셨습니다. 우리에게 남은 길은 오직 순종밖에 없습니다. 그 길을 통해 하나님은 우리를 진정한 회개의 자리로 매일같이 이끄십니다.

회개라는 여정은 단숨에 완성되거나 해결되는 것이 아닙니다. 마틴 루터는 신자들의 모든 생애가 회개하는 삶이어야 한다고 말했습니다. 이 땅에서 100%의 순종을 드린다고 아무리 말해도 주님 앞에 정결하다고 말할 수 있는 인생이 없습니다. 우리 마음에도 여전히 숨겨 놓은 드라빔이 있기 때문입니다. 주님은 우리의 심령을 감찰하십니다. 그리고 우리의 죄와 부패를 드러내시어 날마다 새롭게 하십니다.

하나님은 참된 이스라엘이 되게 하기 위하여 야곱을 계속해서 다듬어 가십니다. 놀랍게도 그가 인생에 의지하였던 인물들을 하나하나 거두어 가심으로써 그렇게 하십니다. 평생에 걸쳐 사랑했던 라헬이 먼저 그를 떠났고, 귀한 아들 요셉마저 가슴에 묻어야 했습니다. 노년에는 잠시였지만 베냐민을 사지에 내어 주게 됩니다. 그러한 고통 속에서 야곱은 이스라엘로 계속해서 다듬어집니다.

성경에서 선지자나 예수님의 '회개하라'는 외침을 들었을 때 '난 이미 다 회개해서 예수 믿는데'라고 생각해서는 곤란합니다. 하나님은 우리를 예수 믿게 한 그 순간부터 회개의 자리로 이끄시며, 우리의 평생에 걸쳐 하나님의 백성답게 만들어 가는 작업을 쉬지 않으십니다. 그러므로 우리는 회개하라는 성경의 메시지를 이미 다 지난 일로 치워 놓아서는 안 됩니다.

요한계시록 2장 5절의 말씀처럼 어디서 떨어졌는지를 생각하고 회개해야 합니다.

[3]요한이 요단강 부근 각 처에 와서 죄 사함을 받게 하는 회개의 세례를 전파하니 (눅 3:3)

신약에서 회개의 메시지를 생각하면 떠오르는 인물은 세례 요한입니다. 그는 예수님의 사역을 예비하면서 요단강에서 이스라엘 백성들에게 회개하여 돌이킬 것을 선포합니다. 그는 죄 사함을 받게 하는 회개의 세례를 전파했습니다.

이를 곰곰이 생각해 보면 이상한 일이기도 합니다. 이스라엘 백성들은 이미 자신들이 하나님의 언약 백성이라고 생각하고 있었습니다. 이 메시지를 듣는 이들의 입장에서는 무슨 회개가 필요하고, 왜 세례가 더 필요하냐고 생각했을 것입니다.

그러나 누가는 이 일을 이사야의 예언이 성취된 것으로 이해하고 다음과 같이 기록합니다.

> [4]선지자 이사야의 책에 쓴 바 광야에서 외치는 자의 소리가 있어 이르되 너희는 주의 길을 준비하라 그의 오실 길을 곧게 하라 [5]모든 골짜기가 메워지고 모든 산과 작은 산이 낮아지고 굽은 것이 곧아지고 험한 길이 평탄하여질 것이요 [6]모든 육체가 하나님의 구원하심을 보리라 함과 같으니라 (눅 3:4-6)

이사야는 바벨론 포로로 붙들려 있던 유다 백성들을 다시금 회복시키신다는 하나님의 약속을 선포했습니다. 포로로 붙들린 이들은 매일같이 등짝에 채찍이 날아들었습니다. 뜨거운 태양 빛 아래서 무시무시한 고역에 시달리고 있었습니다. 그렇게 희망 없는 하루하루를 보내고 있을 때 하나님께서 희망의 약속과 메시지를 담아 이 말씀을 선포하게 하셨습니다.

세례 요한 역시 희망 없이 살아가고 있는 유대 백성들에게 하나님의 회복을 전합니다. 이방의 지배 속에 빛 없이 죽음의 그늘 아래 앉아 있던 자들에게 하나님의 구원 소식이 울려 퍼졌습니다.

드디어 구원의 빛이 이른 것입니다. "너희들은 회복될 것이다. 잃어버린 하나님의 형상을 온전케 할 것이다."라는 메시지가 전해진 것입니다. 그들은 명목상의 언약 백성에 머물러 있어서는 안 되었습니다. 그리고 로마의 압제가 아니라 그들을 실질적으로 짓누르고 있는 죄와 탐욕에서 벗어나 하나님의 용서를 받아야 했습니다.

> [7]요한이 세례 받으러 나아오는 무리에게 이르되 독사의 자식들아
> 누가 너희에게 일러 장차 올 진노를 피하라 하더냐 (눅 3:7)

요한의 메시지를 듣고 많은 무리가 세례를 받으러 나왔습니다. 그런데 요한은 그들 중 어떤 이들을 향하여 독설을 퍼붓습니다. 마태에 의하면 그들은 바리새인과 사두개인입니다. 당시 유대교의 커다란 두 분파로서 권력과 정치력을 행사하고 있는 당대의 경건한 종교인들이었습니다. 하나님의 말씀을 누구보다 잘 알고 있다고 자처하던 사람들입니다.

앞서 말했듯이 그들의 대다수는 우리가 이미 언약 백성인데 또

무슨 세례가 필요하냐고 생각했을 것입니다. 그럼에도 불구하고 세례를 받으러 나온 이들이 있었다면 오히려 기특하게 생각해야 할 일 아닌가요? 그러나 세례 요한은 그들을 칭찬하기는커녕 엄청난 독설을 퍼붓습니다.

왜 그랬을까요? 복음서에 등장하는 바리새인과 사두개인의 일반적인 모습을 보면 어느 정도 그 이유를 짐작해 볼 수 있습니다. 이들의 행태는 주로 하나님의 말씀을 소위 결의론적으로 해석하는 것에 초점이 맞춰져 있었습니다. 다시 말해 율법을 어떻게 해석해서 적용할지를 아주 세세하게 따져 엄격하게 준수하고, 또 그것을 가르치는 인물들이었습니다.

그러나 정작 하나님의 참뜻을 전하시는 예수님과는 번번이 대척점을 이룹니다. 그들은 종교적으로 하나님 앞에 아주 경건한 사람들로 서 있다고 자부했을지 모르지만 예수님은 그렇게 생각하지 않으셨습니다. 세례 요한 역시 이들이 세례를 받으러 나오겠다는 것이 종교적 요식 행위에 그치지 않는다는 점을 너무나 잘 알고 있었던 것 같습니다. 회개가 종교적인 영역에 머물러 있을 때는 자기 합리화와 위선에 지나지 않을 뿐입니다.

> [8]그러므로 회개에 합당한 열매를 맺고 속으로 아브라함이 우리 조상이라 말하지 말라 내가 너희에게 이르노니 하나님이 능히 이 돌들로도 아브라함의 자손이 되게 하시리라 (눅 3:8)

아무리 아브라함이 우리 조상이라고 외친다고 해도 회개의 문제를 피해갈 수는 없습니다. 바리새인들은 돈을 좋아하는 자들이었고(눅 16:14), 높은 자리에 앉아 사람들의 칭송을 즐기는 이들이었습니다(눅 11:43). 그들은 종교적 의식의 정결에 있어서는 완벽함을 가지고 있었을지 몰라도 그 속에는 탐욕과 악독이 가득했습니다(눅 11:39).

바리새인들에게 있어 그들의 전통이나 종교적 열심, 하나님의 말씀을 갖고 있다는 권위가 역설적이게도 그들이 하나님 대신 의지할 구석이 되고 말았습니다. 회개에 합당한 열매는 종교적 행위가 아닙니다. 그러나 이들은 종교적 열심만을 낼 뿐 도무지 하나님께서 요구하시는 열매를 맺지 못하고 있었습니다.

지금 이 자리에 나온 이들에게는 세례 요한의 세례조차 그런 종교성의 측면에서 받아들여지고 있었을지 모릅니다. 바로 이런 이들을 향해 세례 요한은 독설을 퍼붓고 있는 것입니다.

[12]세리들도 세례를 받고자 하여 와서 이르되 선생이여 우리는 무엇을 하리이까 하매 [13]이르되 부과된 것 외에는 거두지 말라 하고 [14]군인들도 물어 이르되 우리는 무엇을 하리이까 하매 이르되 사람에게서 강탈하지 말며 거짓으로 고발하지 말고 받는 급료를 족한 줄로 알라 하니라 (눅 3:12-14)

반면 또 다른 무리들이 세례를 받고자 나옵니다. 하나의 그룹은 놀랍게도 세리들이었습니다. 세리는 당시 유대인들에게 경멸을 받던 사람들입니다. 그들은 로마 정부로부터 세금을 거둘 수 있는 권리를 받은 이들에게 고용된 사람들이었습니다. 결과적으로 그들은 같은 동족에게 세금을 징수함으로써 소득을 얻었기에 사람들의 미움을 살 수밖에 없었습니다.

이들과 함께 나온 군인들 역시 비슷한 위치의 사람들이었습니다. 이들은 아마도 로마군이었다기 보다는 유대인들 중에서 징집되거나 모병된 사람들이었을 것입니다. 그들은 세리들이 세금을 거두는 것을 지원하고 보호하면서 마찬가지로 동족들의 고혈을 뜯는 이들로 여겨졌으리라 생각됩니다.

세례 요한은 이렇게 세례를 받으러 나온 이들에게 종교적 열심에 대해 지적하지 않습니다. 제가 그 자리에 있었다면 '이제부터 기도하세요, 예배 빠지지 마세요' 이런 말들을 앞세우거나 덧붙였을 것 같습니다.

그러나 세례 요한은 그러한 문제들을 거론하지 않습니다. 또한 민족주의자적인 시선으로 그들에게 세리나 군인을 그만두는 것이 회개라고 말하지도 않습니다. 세리를 죄인으로 여겼던 바리새인들의 시선과는 사뭇 다르다고 할 수밖에 없습니다.

오히려 세례 요한은 그들의 직업 윤리에 관해 말하는 것처럼 보입니다. 부과된 것 이외에 거두지 말고, 강탈하지 말라는 것이 그가 말하는 분명한 회개의 메시지입니다.

여기에 더하여 받는 급료를 족한 줄로 알라고 말하는데 이는 자족하라는 것입니다. 왜 부과된 것보다 더 거두려 합니까? 왜 강탈하고 거짓으로 고발합니까? 더 얻기 위해서입니다. 그렇게 하면 더 많이 쌓고 누릴 수 있습니다. 우리는 하나님께서 세례 요한을 통해 요청하고 계신 회개는 탐욕이라는 근본에 닿아 있음을 깨달아야 합니다.

야곱이 상수리나무 아래에 감추었던 드라빔은 집안의 수호신이라 여겨졌던 우상입니다. 사람들은 드라빔이 다산과 풍요를 가져다준다고 생각했습니다. 야곱 때뿐만 아니라 이스라엘 역사 내내 이스라엘 백성들은 이 우상을 사랑했습니다.

우상을 의지하는 것의 본질적인 문제는 탐욕에 있습니다. 골로새서 3장 5절은 탐심이 우상 숭배라고 말합니다. 이 탐욕이 우리로 하여금 회개의 열매가 아닌 죄의 열매를 맺도록 만듭니다. 그러한 죄의 열매들은 커다란 사회 구조 안에서 공고화되어서 이러한 죄악을 정당화하기에 이릅니다.

우리는 흔히 회개를 종교적 정서 안에서 이해하려고 하는 경향이 있습니다. 그래서 회개나 돌이킴의 주제가 다양한 내적 죄책감과 그 해소라는 측면에서 다뤄질 때가 많습니다. 이것은 회개가 열매로 나타나기보다는 감정 발산으로 향하도록 합니다. 그마저도 많은 경우 종교적 행위의 소홀함에 대한 반성에 그치는 편입니다.

그러나 우리가 정작 다루어야 할 것은 탐욕의 문제입니다. 특히나 거대한 사회 경제적 구조 속에서 또는 대세라고 불리는 것들 속에서 합리화되고 정당화되었던 탐욕스러운 일들에 대해 회개의 열매가 있어야 합니다. 이러한 탐욕들이 우리가 간과하였거나 혹은 은닉한 드라빔임을 인정해야 합니다.

처음 이 주제를 설교했던 몇 년 전이나 지금이나 변함없이 한국 사회의 가장 큰 이슈 중 하나는 부동산 문제입니다. 몇 년 전에도 상당히 심각한 과열 양상을 보이고 있었습니다. 그 이후로 스무 차례가 넘는 정부 대책이 나왔을 정도입니다. 한국 사회는 거의 광기에 가까운 부동산 문제를 마주하고 있습니다.

그러나 부동산 투기를 정책으로 잡는 것은 사실상 불가능하다고 생각합니다. 이 부동산 문제 밑에는 본질적으로 인간의 탐욕이 자리하고 있기 때문입니다. 이 탐욕의 문제가 해결되지 않는 한 부동산 문제의 해결은 어렵습니다.

그렇기 때문에 한 가지 방법이 있습니다. 예수 믿는 사람부터 부동산을 향한 손짓을 멈추는 것입니다. 예수 믿는 사람이 거기에 편승하거나 동조해서는 안 됩니다. 그럼에도 아무 저항 없이 의식 없이 이게 악인지 이게 선인지 구분을 못 하고 뛰어듭니다. 이 주제는 이 시대를 사는 모든 사람들에게 신자, 불신자를 포함해서 매우 민감하고 불편한 주제입니다. 목사가 세상 물정도 모르는 소리 한다고 이야기할 수 있습니다. 그럼에도 이제는 말하지 않으면 안 됩니다. 어디선가 이 물줄기를 바꾸거나 끊어야만 합니다.

⁷의인은 가난한 자의 사정을 알아 주나 악인은 알아 줄 지식이 없느니라 (잠 29:7)

의인은 가난한 자의 사정을 이해하지만 악인은 그렇지 않습니다. 아직도 집 문제 때문에 발을 동동 구르는 사람이 많다는 것은 남의 일이 아닙니다. 의인, 곧 하나님의 백성이라면 그 사정을 알아야 합니다.

집은 우리 삶의 필수적인 요소입니다. 그러나 부동산 투기 광풍 속에 내 집 마련의 꿈은 멀어져만 갑니다. 그 건널 수 없는 빈부격차는 대물림되어 사회의 거대한 구조로 남습니다. 이것이 악순환되고 맙니다. 초등학생들의 입에서 꿈이 임대업자라는 이야기가 나옵니다. 조물주 위에 건물주가 있다는 우스갯소리까지 들리는 비정상적인 상황입니다.

지금 대한민국 사회가 끌어안고 있는 문제가 이것뿐이겠습니까? 이 부동산 문제보다 열 배 어렵다는 교육 문제는 또 어떠합니까? 세계 어디를 다녀 봐도 우리나라 10대 아이들의 행복 지수가 매우 낮은 편입니다. 아이들이 불쌍하고 비참합니다. 한참 땀 흘리고 운동장에서 마음껏 꿈을 이야기하고 뛰어 놀아야 될 나이에 밤 12

시, 새벽 1시까지 학원을 세 개, 네 개씩 다녀야 합니다.

아이들은 학교에 들어가는 순간부터 학력과 학벌이라는 탐욕이 자리를 떡하니 차지하고 있는 무한 경쟁 시스템에 돌입합니다. 한 때 〈SKY 캐슬〉이라는 드라마가 얼마나 많은 사람들에게 충격을 주었습니까? 그런데 더 충격인 것은 그것이 드라마 속 이야기나 상상이 아닌 현실이라는데 있습니다.

한국 사회의 병폐들에는 뿌리 깊은 탐욕의 문제가 있습니다. 탐욕은 자신의 실체를 감추기 위해 불안을 뿜어냅니다. 나만 그 대열에서 떨어져 있으면 뭔가 늘 손해 볼 것 같고 망할 것 같고 안 될 것 같은 불안한 심리가 생깁니다.

그런데 사실은 그 밑바닥에 진짜 심리는 무엇입니까? 불신앙입니다. "염려하지 말라. 하늘의 아버지께서 공중의 나는 새와 들에 피는 백합화도 먹이시고 기르시며 입히시는데 하물며 너희일까 보냐." 예수님께서 우리에게 말씀하신 약속입니다. 하물며 너희일까 보냐….

현실을 보면 답답합니다. 의료 기술이 좋아져서 살기 싫어도 어쨌든 100세까지 살아야 되는데 노후가 길어질수록 불안해집니다. 20~30대부터 벌써 노후를 준비한다는 분이 있습니다. 노후 준비 자체를 문제 삼는 것이 아닙니다. 그런데 목적도 선해야 되지만 수단도 건강해야 합니다.

결국 우리 사회의 깊은 병폐는 탐욕의 문제, 불안의 문제, 더 근본적인 불신앙의 문제를 풀지 않고는 해결될 수 없습니다. 세상은 끊임없이 불안을 조장합니다. 대세를 따르지 않으면 사회에서 도태될 것이라는 불안 속에 모두 다 같은 길을 걷게 만듭니다. 그렇게 늘 더 믿을 만한 구석을 찾아 이리 휩쓸리고 저리 휩쓸리는 것이 사람들이 사는 방식입니다.

그러나 신자는 하늘 아버지를 믿습니다. 성도는 아무것도 염려하지 말라는 예수님의 말씀을 믿습니다. 바로 그러한 이유 때문에 성도들, 믿는 자들만이 탐욕과 불안을 먹고 자라는 사회 문제들의 유일한 해결자가 될 수 있습니다.

사회의 거대한 물줄기와 흐름을 여기서 끊어야 합니다. 한국 사회의 부동산 문제와 교육의 문제는 결국 인간의 죄, 탐욕을 그 근거로 합니다. 하나님에 대한 불신으로부터 생겨나는 불안이 모든 사람을 휩쓸고 있습니다.

회개는 하나님에 대한 불신앙으로부터 돌이키는 것입니다. 탐욕으로부터 자유를 얻는 것입니다. 내가 하나님을 대신하여 의지하고 있던 이 모든 것들로부터 돌이키는 것입니다. 그것이 사회 구조 속에서 정당화되는 것이라 할지라도 대세라고 할지라도 다시금 돌이켜 믿음의 길을 걷는 것이 주님께서 오늘 우리에게 요청하시는 회개입니다.

세
례

18예수께서 나아와 말씀하여 이르시되 하늘과 땅의 모든 권세를 내게 주셨으니 19그러므로 너희는 가서 모든 민족을 제자로 삼아 아버지와 아들과 성령의 이름으로 세례를 베풀고 20내가 너희에게 분부한 모든 것을 가르쳐 지키게 하라 볼지어다 내가 세상 끝날까지 너희와 항상 함께 있으리라 하시니라

'세례'라는 말은 말 그대로 '씻는 예식'입니다. 원어적으로도 물에 담가서 씻어 낸다는 의미가 있습니다. 구약에서부터 물은 정결을 위한 도구로 사용됐습니다. 그래서 시체와 같은 부정한 것과 접촉한 사람은 정결을 위해서 물로 자신의 몸을 씻어 내야 했습니다. 구약에는 세례라는 말은 없지만 물로 씻어 내는 정결 예식들은 여러 곳에서 발견할 수 있습니다.

이후 시간이 흘러 제2성전기, 곧 신구약 중간기에는 이방인들 중에서 유대교에 입교하고자 하는 이들을 위한 세례가 생겨났습니다. 이는 물로 몸을 씻어 내면서 이방인으로서 가졌던 여러 제의적이고 영적인 부정함을 씻어 낸다는 의미였습니다.

그래서 세례에 입교라는 의미가 부여되기 시작합니다. 즉 신앙 공동체의 일원으로 받아들여지는 중요한 표식이 되는 것입니다. 기존에 묻어 있던 모든 죄의 때와 부정한 것들을 다 씻어 내고 새로운 하나님 백성의 일원이 된다는 의미가 세례에 담겨 있습니다. 이처럼 세례는 제의적이고 영적인 의미와 함께 사회적인 의미가 포함되어 있습니다.

세례의 이러한 복합적 특징은 세례의 의미를 설명하는 바울에게서도 쉽게 찾아볼 수 있습니다.

[1]형제들아 나는 너희가 알지 못하기를 원하지 아니하노니 우리 조

상들이 다 구름 아래에 있고 바다 가운데로 지나며 ²모세에게 속하여 다 구름과 바다에서 세례를 받고 (고전 10:1-2)

바울은 이스라엘 백성들이 홍해를 건너는 사건을 이야기하고 있습니다. 이스라엘 백성들은 애굽에서 400년 동안 종살이를 했습니다. 애굽은 성경 전반에서 세속과 세상이라는 일관된 상징성을 갖고 있습니다. 하나님은 모세라는 인물을 준비하셨다가 이스라엘 백성들의 복역의 때가 끝나자 그로 하여금 백성들을 이끌고 유월절 밤을 지나 홍해를 건너게 하셨습니다.

그런데 애굽 쪽에서 볼 때는 이 히브리 노예들이 홍해 속으로 들어가는 것처럼 보입니다. 그러니까 애굽이라는 옛 삶의 상징인 방향에서 볼 때는 이 히브리 노예들이 바다 속으로 들어가 수장되는 것처럼 보입니다. 마치 죽으러 들어가는 것처럼 말입니다.

반대로 그들이 향해야 할 목적지인 약속의 땅 가나안 쪽에서 볼 때는 바다 속에서 이 거대한 노예 집단이 살아 나오는 것처럼 보입니다. 놀랍게도 홍해를 중심으로 옛사람에 대한 죽음과 약속에 대한 새로운 삶의 시작이 동시에 일어나고 있는 것입니다.

그래서 바울은 이 사건을 '바다에서 세례를 받은 일'로 해석하고 있습니다. 그들은 애굽 곧 세상의 시각으로 볼 때 '바다'에 들어가 죽은 자들입니다. 그러나 가나안 땅이라는 하나님 나라의 관점에서는 '바다'라는 죽음에서부터 새롭게 태어난 이들입니다.

우리는 바울이 홍해 사건을 세례로 해석한 틀 안에서 세례의 본질적 의미를 발견하게 됩니다. 즉, 세례는 옛 세상에 대해서는 죽고 새로운 세상에 대해서는 새롭게 살아 나오는 사건을 말합니다. 새로운 출발을 이야기합니다. 이 출발이 어디로 확대되는가에 대한 놀라운 사실은 다음 절에서 설명합니다.

> [3]다 같은 신령한 음식을 먹으며 [4]다 같은 신령한 음료를 마셨으니 이는 그들을 따르는 신령한 반석으로부터 마셨으매 그 반석은 곧 그리스도시라 (고전 10:3-4)

이렇게 세례를 받아 새로운 생명을 얻은 이들에게 어떠한 특징이 있습니까? 그들은 '다 같은' 음식을 먹고, '다 같은' 신령한 음료를 마셨습니다. 다 같은 것을 먹고 마셨다는 표현을 통해 그들의 공동체성이 강조되고 있습니다.

특별히 그들이 다 같이 마신 영적인 음료는 신령한 반석 곧 그리스도에게서 나온 것이라 말합니다. 그러므로 이 이야기를 종합하면, 그리스도와 합하여 세례를 받은 사람들은 이제 그리스도와 함께하는 운명 공동체가 된다는 뜻입니다.

우리는 지금까지 세례를 단순히 개인의 신앙 결단, 개인적인 신앙의 중요한 분기점 정도로 이해해 왔습니다. 그러나 성경 전체의 말씀은 세례가 개인의 신앙 결단 차원을 넘어서 공동체성을 강조하고 있다는 것에 눈뜨게 합니다. 세례를 받는다는 것은 교회 공동체의 일원으로서 이 공동체 품격을 위하여 어떻게 살아 내는가에 대한 새로운 싸움이 시작된다는 뜻이 포함되어 있습니다.

이것은 오늘날 신앙이 지극히 개인화되고 있는 한국 교회에 중요한 시사점을 가져다줍니다. 우리 사회가 개인화됨에 따라 교회 역시 이러한 시선과 시각을 가지고 이해하는 경우를 봅니다.

물론 교회 공동체가 개인에게 상처를 주기도 하고, 그러한 어려움 때문에 공동체에 들어가기를 거리끼는 일이 발생하는 것은 안타까운 일입니다. 교회가 스스로 돌아봐야 할 일이기도 합니다.

그러나 그렇다고 해서 교회의 공동체적인 성격을 포기할 수는 없습니다. 특히나 팬데믹 이후에 교회의 공동체성이 약화될 것이라는 전망은 우리를 슬프게 합니다.

사람들은 얼마든지 종교적인 소비를 개인적으로 할 수 있습니다. 이전에도 그랬지만 지금은 더 쉽고 편한 길이 열려 있습니다. 인터넷에서 설교 잘하는 목사의 설교를 듣는 것은 어려운 일이 아닙니다. 어느샌가 그렇게 신앙생활 하는 것으로 만족하고 마는 시대가 되어 버렸습니다.

그러나 그것은 성경이 가르치는 신앙생활의 본질과는 거리가 멉니다. 세례는 영적으로나 사회적으로 새로운 공동체의 일원이 되었다는 표식입니다. 하나님 나라의 새로운 백성이라는 것은 눈에 보이지 않는 영적인 실체이지만 동시에 눈앞에 보이는 지상의 교회에서 공동체로 나타나는 것이기도 합니다.

우리는 세례를 통해 교회의 일원이 됨으로써 나와 마찬가지로 새로운 백성이 된 사람들을 만나게 됩니다. 이전에는 옛 세상에 속해 있었지만 예수의 피로 말미암아 깨끗함을 입고 새로운 정체성을 갖게 된 사람들을 하나로 묶어 주신 것이 교회입니다. 그들과 함께 같은 음식을 먹고, 같은 음료를 마시면서 살아가고 자라 가도록 주님은 그렇게 교회를 우리에게 허락해 주셨습니다.

우리는 교회 공동체가 하나님께서 우리에게 주신 선물이라는 것을 다시금 인식해야 합니다. 우리를 홀로 두지 않으시고 다른 형제자매들과 신앙의 여정을 같이 걷도록 우리에게 허락하신 선물이 교회입니다. 이 안에서 우리는 예수님의 제자로서 함께 말씀을 먹고 자라 가야 합니다.

[19]그러므로 너희는 가서 모든 민족을 제자로 삼아 아버지와 아들과 성령의 이름으로 세례를 베풀고 [20]내가 너희에게 분부한 모든 것을 가르쳐 지키게 하라 볼지어다 내가 세상 끝날까지 너희와 항상 함께 있으리라 하시니라 (마 28:19-20)

예수님의 지상명령으로 잘 알려진 이 본문은 제자를 삼기 위해 가고, 제자를 삼기 위해 세례를 베풀고, 제자를 삼기 위해 가르치라는 말을 강조하고 있습니다. 복음이 들어가지 않은 땅에 하나님의 복음이 선포되어 하나님의 통치가 이루어지고, 하나님의 소유가 되고, 하나님의 나라가 임하도록 제자를 삼아야 합니다.

그러한 과정을 위해 예수님께서는 세례를 베풀라고 명령하십니다. 세례는 하나님 나라의 공동체 일원이 되어 새로운 삶을 살게 되었다는 것을 표시하는 의식입니다. 이것이 단순한 종교적 의식이 아닌 이유는 제자 삼는 일과, 예수님의 말씀을 가르쳐 지키게 하는 일을 연결시키고 있기 때문입니다.

세례를 받는다는 것, 세례 받아 세례 교인이 되었다는 것은 형식적인 이야기가 아니라 이렇게 매우 깊고도 실제적인 영적인 의미를 가집니다. 예수님을 믿고 따르며 그분의 말씀을 지키는 제자가 되는 것은 홀로 되는 일이 아닙니다. 세례를 홀로 받을 수 없듯이 세례 받은 이는 홀로 제자가 될 수 없습니다. 배우고 자라 가는 일은 반드시 신앙 공동체 안에서 이뤄져야 합니다.

그렇다면 이러한 세례가 가진 공동체적인 의미가 교회 안에서 어떻게 나타나야 할까요?

[27]누구든지 그리스도와 합하기 위하여 세례를 받은 자는 그리스도로 옷 입었느니라 (갈 3:27)

바울은 갈라디아서에서 세례를 받은 자는 그리스도로 옷 입었다는 매우 특이한 표현을 사용하고 있습니다. 옷은 정체성을 드러내는 아주 간단하고도 분명한 표식 중 하나입니다.

40여 년쯤 전에 입대했던 때가 생각납니다. 당시 위병소 앞에 갔더니 팔도 사나이들이 다 와 있었습니다. 아직 부대 안으로 들어가기 전이라 입대자를 따라온 애인과 부모님은 마치 전쟁터에 끌려가기라도 하는 것처럼 울고불고 난리였습니다. 조교의 안내를 따라 가족들과 작별 인사를 하고 부대 안으로 딱 들어서는 순간에 새로운 세계가 열리는 것을 경험했습니다.

지금도 훈련소에 가면 가장 먼저 하는 일 중 하나가 자기 사이즈에 맞는 새로운 옷과 장비를 지급받는 것입니다. 기존에 입었던 옷가지와 신발은 다 박스에 넣어 집으로 보내고, 속옷까지도 새롭게 지급받은 훈련복으로 싹 갈아입고 집합하기 시작합니다. 그전까지는 민간인이었으나 훈련복으로 갈아입는 순간부터 이 나라의 군인이 되는 것입니다.

그리스도로 옷을 입는다는 것은 말하자면 우리가 그리스도란 단체복을 입는 것입니다. 이제 한 팀이 되고 하나가 되었다는 뜻입니다. 왜 이것을 강조할까요? 이 옷을 입기 전까지는 잘 사는 사람도 있었고, 못 사는 사람도 있었습니다. 도덕적으로 고매한 사람도 있었고, 좀 잡초 같은 사람도 있었습니다. 배운 사람 못 배운 사람, 각 계각층에 서열이나 신분 등 계급 편차가 복잡하게 나눠져 있었습니다. 그리스도를 만나기 전까지는 그렇습니다.

그런데 세례를 받고 그리스도로 옷 입게 되면 모두가 한 팀이 됩니다. 사람들을 다양하게 구분하여 격차를 만들어 놓았던 막힌 담들이 그리스도로 옷 입음으로써, 새로운 정체성을 부여받게 됨으로써 허물어진다는 의미입니다. 그래서 바울은 우리가 그리스도로 옷 입은 존재라는 말씀 후에 이러한 말씀을 더합니다.

> [28]너희는 유대인이나 헬라인이나 종이나 자유인이나 남자나 여자
> 나 다 그리스도 예수 안에서 하나이니라 (갈 3:28)

유대인과 헬라인, 종과 자유인, 남자와 여자. 이 모두는 당시 사회를 가르던 중요한 구분 체계였습니다. 이들은 서로 뒤섞일 수 없는 존재들이었습니다. 구별되고 차별되어야 하는 기준들이었습니다. 사회는 이들을 통합시킬 수 없었습니다. 하나로 만들 수 없었습니다. 그러나 교회는 이들을 하나로 묶을 수 있었습니다. 그리스도 예수라는 새로운 정체성 안에서 이들은 하나로 존재할 수 있었습니다.

현재 대한민국 사회에 가장 심각한 문제 중 하나는 계층, 성별 간의 갈등입니다. 비정규직과 정규직, 남성과 여성의 차이뿐만 아니라, 거주 지역 차별 문제도 심각합니다.

요즘 아파트촌에 가면 법적으로 일반 아파트 옆에 임대 아파트를 몇 프로 짓게끔 되어 있습니다. 그런데 그 임대 아파트와 일반 아파트를 오가지 못하도록 일부러 담을 만듭니다. 일반 아파트 집값

이 떨어진다고 막는 것입니다.

어느 동네를 보니 아파트 건설에 반대한다는 플래카드를 붙여 놨습니다. 무슨 일인가 봤더니 그 앞에 청년 세대가 단독으로 살 수 있도록 저렴한 아파트를 짓는다는 것에 불만을 가지면서 비롯된 문제였습니다. 이와 같은 문제가 있는 곳이 한두 군데가 아닙니다.

이런 문제의 근본 명분은 무엇일까요? 경제 논리입니다. 저렴한 아파트가 들어서면 집값이 떨어지니까 반대하고 나섭니다.

언젠가 한 번은 장애인들을 교육하는 학교를 짓는데 온 주민이 반대를 해서 학교 이사장이라는 분이 집집마다 설득하러 다니는 것을 본 적이 있습니다. 이사장이 여기저기 다니며 보니까 학교 건설에 반대하는 피켓을 들고 있는 분들이 전부 교회 장로님과 권사님을 포함한 교회 성도들이었습니다. 돈의 위력 앞에서는 예수이고 뭐고 없다 싶었습니다.

우리 사회의 이런 막힌 담을 허물 수 있는 사람들이 누구일까요? 그리스도의 피로 거듭난 하나님의 백성, 그리스도 예수로 옷 입은 예수님의 제자들 외에는 이 흐름과 시대를 바꾸지 못합니다.

어느 학교에 장애인 학생 한 명이 어렵게 입학을 했습니다. 그전에는 장애인 학생이 없었기 때문에 학교는 그 학생 한 명을 위해 수천만 원의 예산을 들여 문턱을 다 깎고 엘리베이터를 설치했습니다. 이 모든 게 다 돈 들어가는 문제이지 않습니까? 그런데 그 학생

한 명을 위해 학교는 최선을 다했습니다.

하나님의 정의라는 것은 다 똑같이 살자는 것이 아닙니다. 열을 가진 자는 이 사회의 제도와 구조적 악 때문에 어쩔 수 없이 가난이 대물림된 가난한 청년들, 사회적 약자들을 위해서 그들의 것을 나누는 삶이 하나님의 정의입니다.

구약에도 보면 밭의 모퉁이까지 다 추수하지 말라고 말합니다. 왜 그렇습니까? 가난한 자들을 위해 남겨두라는 말입니다. 땅을 가지고 농사를 하는 사람들은 이런 방식으로 정의를 이루라는 것입니다.

1904년에 테이트라는 선교사가 우리나라에 왔습니다. 전주와 정읍 사이를 오가며 사역을 하느라 두 지역 사이에 있는 작은 도시인 김제에 거처를 마련했습니다. 그러다가 김제에서 가장 부자인 조덕삼의 집에 잠깐 머물 기회가 있었습니다.

조덕삼은 너무 이상해서 테이트 선교사에게 물었습니다. "당신 나라는 잘살고 당신도 잘살 수 있는 조건과 환경이 되는데 무엇 때문에 이역만리까지 날아와 수도 서울도 아닌 이 시골 김제에 와서 이 고생을 합니까?" 테이트 선교사는 하나님의 특별한 사랑 때문이라고 대답했습니다. 그리고 그에게 복음을 전했습니다.

조덕삼은 그 복음을 듣고 감동을 받아 자신의 사랑채를 예배 처소로 내주었습니다. 그렇게 시작된 교회가 금산교회입니다. 그 교회의 또 다른 별명은 기역자(ㄱ)교회입니다. 이 교회당은 한옥으로 지어져 아직도 그 흔적이 남아 있습니다.

그런데 예배당이 기역자 모양으로 되어 있어 강대상을 중심으로 정면에는 남자들이 앉고 측면에는 여자들이 앉았습니다. 남녀가 유별한 시절이었기에 서로 쳐다보지 못 하도록 가림막까지 쳐져 있었습니다. 오늘날에는 이해가 잘 안 되는 풍경일 것입니다. 그러나 유교적인 문화가 강했던 당시 사회 속에서 교회를 세워 나가기 위한 하나의 몸부림이었습니다.

우리는 이곳에서 보다 급진적이고 변혁적인 움직임이 나타났다는 것에 주목해야 합니다. 조덕삼이 자신이 내주었던 사랑채 교회에 나가면서 그 집의 머슴들도 같이 예배를 드리게 됩니다. 옛날식으로 이야기하면 종들이 주인과 같이 예배를 드리게 된 것입니다.

그러다가 교회 집사를 임명하는 날이 왔습니다. 당연히 그 집 주인인 조덕삼만 집사로 임명될 줄 알았는데 하필 이자익이라는 머슴도 함께 집사로 임명이 되었습니다. 이것은 그 시대적으로 아주 놀라운 일입니다.

이것이 끝이 아닙니다. 3년이 지나 처음으로 이 교회의 장로를 뽑게 되었습니다. 물질적인 헌신과 신앙적으로도 본이 되었던 조덕삼이 장로가 되는 것이 마땅한 사실로 받아들여졌습니다. 그런데 뚜껑을 열어 보니 놀랍게도 조덕삼이 아닌 그 집 머슴인 이자익이 장로가 되었습니다. 신분 질서가 엄격했던 시절에 도무지 상상할 수 없는 일이 일어난 것입니다.

그 후 조덕삼은 사재를 털어 이자익을 평양에 있는 신학교로 유학을 보냈습니다. 조덕삼의 재정과 후원에 힘입어 이자익은 목사가 되었습니다. 조덕삼은 선교사가 떠난 후 이자익을 금산교회 담임목사로 청빙해 한때 자신의 종이었던 담임목사님을 지극 정성으로 섬겼습니다. 이후 이자익 목사는 세 번이나 대한예수교장로회 총회장이 될 정도로 한국 교회에서 존경받는 목사가 되었다고 합니다.

우리는 세례, 즉 그리스도로 옷 입었다는 사실이 가져다주는 놀라운 변화가 무엇인지를 발견해야 합니다. 세례는 단순히 개인적 신앙의 결단 이상의 문제입니다. 세례는 옛 세상에 대해서는 죽고 새로운 세상에서 태어나는 영적인 탄생입니다. 그러면서 동시에 같은 하나님 나라에서 같은 것을 먹고 마시면서 자라나고 성장하는 공동체의 일원이 되는 일입니다.

그리스도라는 새로운 옷을 입고 새로운 정체성을 부여받는 것입니다. 새로운 정체성을 가진 사람들이 기존의 사회가 구분 지어 놓는 모든 장벽을 뛰어넘어 진정한 하나 됨이 무엇인가를 보여주는 것이 세례가 가지고 있는 깊은 의미입니다.

여기에 바로 한국 교회의 과제가 있습니다. '초갈등 사회'라는 말이 등장할 정도로 지금 한국 사회는 그 어느 때보다 분열되어 있습니다. 모두가 자기 소리를 내고, 동조하지 않는 사람들은 적으로 몰

아세우는 시대입니다. 이러한 분열은 교회까지 들어와 있습니다.

갈등을 해결할 수 있는 것은 오직 복음밖에 없습니다. 그리스도로 옷 입은 세례 외에는 이러한 갈등을 풀 수 있는 실마리를 찾기 어렵습니다. 세례는 옛것에 대하여 죽는 일입니다. 그리고 새로운 가치에 눈뜨고 새롭게 태어나는 일입니다. 나 혼자 사는 것이 아니라 공동체성을 회복하는 일입니다. 세례에 대한 새로운 시선과 시각이 한국 교회와 더 나아가 한국 사회를 새롭게 할 줄 믿습니다.

말씀 안에 거하기

10여호와의 말씀이 사무엘에게 임하니라 이르시되 11내가 사울을 왕으로 세운 것을 후회하노니 그가 돌이켜서 나를 따르지 아니하며 내 명령을 행하지 아니하였음이니라 하신지라 사무엘이 근심하여 온 밤을 여호와께 부르짖으니라 12사무엘이 사울을 만나려고 아침에 일찍이 일어났더니 어떤 사람이 사무엘에게 말하여 이르되 사울이 갈멜에 이르러 자기를 위하여 기념비를 세우고 발길을 돌려 길갈로 내려갔다 하는지라 13사무엘이 사울에게 이른즉 사울이 그에게 이르되 원하건대 당신은 여호와께 복을 받으소서 내가 여호와의 명령을 행하였나이다 하니 14사무엘이 이르되 그러면 내 귀에 들려오는 이 양의 소리와 내게 들리는 소의 소리는 어찌 됨이니이까 하니라 15사울이 이르되 그것은 무리가 아말렉 사람에게서 끌어 온 것인데 백성이 당신의 하나님 여호와께 제사하려 하여 양들과 소들 중에서 가장 좋은 것을 남김이요 그 외의 것은 우리가 진멸하였나이다 하는지라 16사무엘이 사울에게 이르되 가만히 계시옵소서 간 밤에 여호와께서 내게 이르신 것을 왕에게 말하리이다 하니 그가 이르되 말씀하소서 사울은 왕이 되자마자 하나님께로부터 아말렉을 진멸하라는 명령을 받았습니다. 아말렉과 이스라엘의 관계는 오랜 역사적 뿌리를 갖고 있습니다. 이스라엘 백성이 홍해를 건너 구원받은 후 가장 먼저 도전해 온 민족이 아말렉입니다.

우리가 구원을 얻은 동시에 모든 상태가 깨끗하게 되어 완전히 새로워지는 것은 아닙니다. 구원을 얻었지만 여전히 우리 속에 일어나고 있는 육의 싸움, 이것이 아말렉이 갖는 영적인 의미입니다.

신분은 바뀌었지만 여전히 내 안 구석구석 옛 자아의 그림자가 있습니다. 그것은 새로운 나를 향해 가는데 끊임없이 걸림돌이 되어 우리를 괴롭히고 갈등을 일으키는 싸움이 됩니다. 그래서 하나님께서는 세월이 지나서도 이스라엘 백성들에게 아말렉을 진멸할 것을 강력히 말씀하셨습니다. 사울에게 그 명령을 하고 계신 것입니다.

하나님은 이 전쟁의 목적뿐만 아니라 방식까지 가르쳐 주셨습니다. 남녀, 젖먹이, 모든 가축 떼까지 숨이 붙어 있는 것은 하나도 남기지 말고 온전히 진멸할 것을 명령하셨습니다. 이것을 헤렘법이라고 하는데, 진멸시켜서 하나님께 드린다는 의미가 있습니다.

사울은 이 명령을 받았고, 20만 명이 넘는 어마어마한 백성이 다 동참하여 큰 전쟁을 치렀습니다. 마침내 사울과 이스라엘은 이기고 돌아왔습니다. 그런데 그날 밤, 하나님께서 사울에게 기름 부었던 사무엘 선지자에게 나타나셔서 천둥 같은 말씀을 하셨습니다.

¹⁰여호와의 말씀이 사무엘에게 임하니라 이르시되 ¹¹내가 사울을 왕

으로 세운 것을 후회하노니 (삼상 15:10-11 상반절)

하나님께서 사울을 왕으로 세운 것을 후회한다고 말씀하십니다.

여기에서 우리는 뭔가 이상하다는 것을 느껴야 합니다. 하나님

은 실수가 없고 전지전능하신 분이라고 배우지 않았습니까? 하지만

하나님이 후회하셨다는 표현이 등장하는 것으로 봐서 하나님도 실

수하실 수 있구나, 오류가 있을 수 있구나 라고 오해할 수 있습니다.

민수기 23장 19절을 한번 보겠습니다.

¹⁹하나님은 사람이 아니시니 거짓말을 하지 않으시고 인생이 아니

시니 후회가 없으시도다 어찌 그 말씀하신 바를 행하지 않으시며

하신 말씀을 실행하지 않으시랴 (민 23:19)

모세오경 속에도 하나님은 후회가 있다고 했습니까, 없다고 했

습니까? 분명 후회하실 수 없다고 했습니다. 그런데 우리가 이 장에

서 다룰 본문은 하나님이 후회하셨다고 되어 있습니다.

그런데 문맥에 따라 다르게 번역할 여지가 있습니다. 히브리어

에 '니함'이라는 말이 있습니다. 후회라는 단어보다는 한탄했다는

뜻에 가깝습니다. 조금 더 극적인 수사적 표현을 위해 후회한다는

표현을 사용했다고 보면 됩니다.

이를테면 엄마들이 아이를 양육하다 보면 때려도 말을 안 듣고, 설득해도 말을 안 듣고, 빌어도 말을 안 듣는 말썽쟁이들이 간혹 있습니다. 엄마가 속상하다 보니 하소연을 하면서 "목사님, 제가 저놈을 괜히 낳았어요."라고 말하고는 합니다. 이게 진짜 후회하는 말입니까? 아닙니다. 자녀의 행실에 대해 안타까워하는 엄마의 마음을 적극적으로 표현한 것일 뿐, 아이의 존재를 후회하는 엄마는 없습니다.

하나님께서 사울을 왕으로 세운 것을 후회한다는 말은 사울의 죄에 대해서 안타깝게 생각하시며 아파하신다는 뜻입니다. 성경에 이런 수사적 표현은 굉장히 많습니다.

그렇다면 여기서 더 궁금해지는 것은, 사울이 무슨 죄를 지었기에 하나님께서 그토록 안타까워하셨는가 하는 것입니다. 사울이 전장에 나가서 전투를 한 것도 아니고, 전투에서 패배하고 돌아온 것도 아닌데, 도대체 무슨 죄를 범했기에 하나님께서 후회하신다고 말씀하셨을까요?

[11]그가 돌이켜서 나를 따르지 아니하며 내 명령을 행하지 아니하였음이니라 하신지라 사무엘이 근심하여 온 밤을 여호와께 부르짖으니라 (삼상 15:11 하반절)

사무엘도 하나님께서 하신 말씀을 듣고 너무 놀랐습니다. 하나님께서 이렇게까지 극적으로 말씀하신 적이 없었는데, 대체 무슨 일인가 하고 밤을 새워 부르짖었습니다. 그리고 다음날 아침 바로 사울을 찾아갈 준비를 합니다.

[12]사무엘이 사울을 만나려고 아침에 일찍이 일어났더니 어떤 사람이 사무엘에게 말하여 이르되 사울이 갈멜에 이르러 자기를 위하여 기념비를 세우고 발길을 돌려 길갈로 내려갔다 하는지라 (삼상 15:12)

사무엘이 막 나가려고 하는데 어떤 사람이 사무엘을 찾아왔습니다. 그 사람이 넌지시 말하기를 사울이 갈멜에서 자기를 위하여 기념비를 세우고 길갈로 내려갔다고 합니다. 명목은 전쟁에서 승리한 기념비였을지 몰라도 사울은 전쟁에서 승리한 것에 스스로 긍지를 가지고 자랑하고픈 마음을 표출하기 위해 기념비를 세웠습니다.

시대를 막론하고 어떠한 경우에도 이스라엘의 안위와 안보는 오직 여호와 하나님의 손에 있었습니다. 그렇다면 사울은 전쟁의 승리를 당연히 누구에게 돌려야 옳았을까요?

사울은 직접 20만이 넘는 병력을 끌고 가서 자신의 병력과 전략으로 이 전쟁에서 승리했다고 착각했습니다. 사무엘은 이 불편하고 불길한 소식을 듣고 급히 달려가 사울 왕 앞에 도착했습니다.

¹³사무엘이 사울에게 이른즉 사울이 그에게 이르되 원하건대 당신
은 여호와께 복을 받으소서 내가 여호와의 명령을 행하였나이다
하니 (삼상 15:13)

사울은 나가서 싸웠고, 이기고 돌아왔습니다. 그의 입장에서는
표면적으로 하나님의 명령을 다 지킨 것 같았습니다. 그런데 하나
님은 목적을 성취하는 데만 관심을 두지 않으십니다. 하나님은 그
목적을 성취하는 과정이 정당하고 옳았는가에 더 큰 관심을 가지고
계십니다.

¹⁴사무엘이 이르되 그러면 내 귀에 들려오는 이 양의 소리와 내게
들리는 소의 소리는 어찌 됨이니이까 하니라 ¹⁵사울이 이르되 그것
은 무리가 아말렉 사람에게서 끌어 온 것인데 백성이 당신의 하나
님 여호와께 제사하려 하여 양들과 소들 중에서 가장 좋은 것을 남
김이요 그 외의 것은 우리가 진멸하였나이다 하는지라 (삼상 15:14-
15)

사무엘이 사울과 대화를 나누고 있는데 장막 안에서 그전에는
들리지 않던 이상한 소리가 들렸습니다. 짐승의 울음소리였습니다.
사무엘이 이를 사울에게 물었고, 사울은 몹시 당황하면서 변명을 합
니다.

15절에서 사울이 하는 이야기를 잘 들여다보면 짐승들을 남긴 핑계를 누구에게 뒤집어씌우고 있습니까? 짐승들을 남긴 것은 자신이 한 일이 아니라 전쟁 중에 백성들이 하나님께 제사하기 위해 살찌고 기름져 보이는 것들을 남겨 두었다고 말합니다. 그런데 정말 그런가요?

> [9]사울과 백성이 아각과 그의 양과 소의 가장 좋은 것 또는 기름진 것과 어린 양과 모든 좋은 것을 남기고 진멸하기를 즐겨 아니하고 가치 없고 하찮은 것은 진멸하니라 (삼상 15:9)

본문에서 주범이 누구입니까? 주어가 누구로 돼있습니까? 바로 사울입니다. 자기가 주도해서 값진 것은 남기고 하찮은 것과 쓸데없는 것은 죽여 놓고, 사무엘이 그 모든 책임을 다급히 추궁하니까 누구에게 뒤집어씌우고 있습니까? 백성입니다. 백성에게 뒤집어씌우고 있습니다.

이것은 빌라도가 행했던 전형적인 패턴입니다. 빌라도는 예수님께 죄가 없다는 걸 몰랐을까요? 그는 알았습니다. 그런데 빌라도는 손을 씻으면서 자신은 죄가 없고 유대 백성들이 요구하니 어쩔 수 없이 내어 주는 것이라고 말했습니다.

어느 시대든 대중의 소리가 늘 옳았던 것은 아닙니다. 특별히 예수님을 십자가에 못 박을 때 누구의 소리가 이겼습니까? 백성들의 소리가 이겼습니다. 그 결과로 예수님은 그들의 죄를 끌어안고 십자가에서 오해와 모욕과 저주를 뒤집어쓰고 죽으셔야만 했습니다.

반대로 사울은 그 모든 책임을 빌라도처럼 백성들에게 뒤집어씌우고 있습니다. 하지만 성경은 전후 문맥을 통해 사울의 말이 사실이 아니라는 것을 드러내고 있습니다. 이 사건은 정확하게 사울 자신이 주도한 것입니다. 이 이야기를 들은 사무엘 선지자는 정확하게 사울의 속내를 들춰냅니다.

> [19]어찌하여 왕이 여호와의 목소리를 청종하지 아니하고 탈취하기에만 급하여 여호와께서 악하게 여기시는 일을 행하였나이까 (삼상 15:19)

여기서 본문은 사울이 그것을 남겼다고 했습니까? 아니면 탈취했다고 했습니까? 사울은 자신의 욕망으로 그것을 스스로 탈취했습니다.

> [21]다만 백성이 그 마땅히 멸할 것 중에서 가장 좋은 것으로 길갈에서 당신의 하나님 여호와께 제사하려고 양과 소를 끌어 왔나이다 하는지라 (삼상 15:21)

사울은 여전히 핑계를 대고 있습니다. 그러자 사무엘은 그 유명한 추상같은 선언을 우리에게 들려줍니다.

> [22]사무엘이 이르되 여호와께서 번제와 다른 제사를 그의 목소리를
> 청종하는 것을 좋아하심 같이 좋아하시겠나이까 순종이 제사보다
> 낫고 듣는 것이 숫양의 기름보다 나으니 (삼상 15:22)

무슨 말입니까? 주님에 대한 진심도 없는 형식만 남은 종교적 행위가 중요한 것이 아니라는 것입니다. 말씀 한 자락이라도 붙들어 살아 내고 순종하려는, 연약하고 부족할지라도 그대로 살아 보려는 것이 오히려 종교적으로 수천의 수만의 쌓아진 행위보다 낫다는 말씀입니다.

이제 사무엘은 사울에게 이런 인생의 총체적 평가를 내립니다.

> [23]이는 거역하는 것은 점치는 죄와 같고 완고한 것은 사신 우상에게
> 절하는 죄와 같음이라 왕이 여호와의 말씀을 버렸으므로 여호와께
> 서도 왕을 버려 왕이 되지 못하게 하셨나이다 하니 (삼상 15:23)

사무엘은 사울이 한 행위가 사술(거역하는 것과 점치는 죄)과 불순종(완고한 것)이며 우상 숭배(우상에게 절하는 죄)와 같다고 말했습니다. 이어서 사울이 여호와의 말씀을 버렸으므로 여호와께서도 사울을 버려 왕이 되지 못하게 하셨다고 무시무시한 선언을 합니다.

하나님의 말씀을 버리면 하나님께서도 그 사람을 버리십니다. 하나님의 말씀을 버린 공동체와 개인과 민족은 하나님께 버림을 받습니다. 사무엘은 이것을 두 번 강조했습니다.

그러자 사울은 다급해서 그제야 자신의 진심을 실토합니다.

24사울이 사무엘에게 이르되 내가 범죄하였나이다 내가 여호와의 명령과 당신의 말씀을 어긴 것은 내가 백성을 두려워하여 그들의 말을 청종하였음이니이다 (삼상 15:24)

본문에서 사울은 누구를 두려워했다고 말합니까? 백성입니다. 사울의 통치 인식은 하나님의 말씀이 근간이 된 것이 아니고 여론이 근간이었습니다. 그리고 규모와 외형적인 숫자였습니다.

그렇다면 사울은 어느 날 갑자기 타락하였을까요? 아닙니다.

1사울이 왕이 될 때에 사십 세라 그가 이스라엘을 다스린 지 이 년에 (삼상 13:1)

사울은 40세에 왕이 됐습니다. 그가 이스라엘을 다스린 지 지금 몇 년째입니까? 그의 통치가 시작된 지 2년째 됐습니다. 40세에 왕이 되고 2년째 통치를 하니까 마흔두 살 때 일입니다. 구체적으로 어떤 일이 있었는지 5절을 보겠습니다.

⁵블레셋 사람들이 이스라엘과 싸우려고 모였는데 병거가 삼만이요 마병이 육천 명이요 백성은 해변의 모래 같이 많더라 그들이 올라와 벧아웬 동쪽 믹마스에 진 치매 ⁶이스라엘 사람들이 위급함을 보고 절박하여 굴과 수풀과 바위 틈과 은밀한 곳과 웅덩이에 숨으며 ⁷ 어떤 히브리 사람들은 요단을 건너 갓과 길르앗 땅으로 가되 사울은 아직 길갈에 있고 그를 따른 모든 백성은 떨더라 (삼상 13:5-7)

본문을 보면 삼만의 블레셋 보병과 6천의 마병들이 이스라엘 코 앞까지 밀고 들어와 위협을 하고 있었습니다. 7절에 그들의 상태가 기록되어 있는데, 사울과 그의 백성들은 사시나무 떨듯 벌벌 떨고 있었습니다. 사울과 백성들은 패닉 상태였습니다.

이때 실질적인 사울의 후견인이 누구냐 하면 바로 사무엘 선지자였습니다. 그래서 사울은 사무엘이 빨리 와서 이 난국을 도와주고, 하나님 앞에 예배를 집전해 주길 원했습니다. 그런데 이상하게 사무엘은 오지 않았습니다. 무슨 일인지 자꾸 지체하고 오지 않았습니다.

⁸사울은 사무엘이 정한 기한대로 이레 동안을 기다렸으나 사무엘이 길갈로 오지 아니하매 백성이 사울에게서 흩어지는지라 ⁹사울이 이르되 번제와 화목제물을 이리로 가져오라 하여 번제를 드렸더니 (삼상 13:8-9)

어떻게 되어가고 있었습니까? 백성들이 뿔뿔이 흩어져 가고 있었습니다. 사울은 다급한 나머지 절대 해서는 안 되는 짓을 해 버리고 맙니다.

그는 제사장이 아님에도 직접 예배를 집전하고 말았습니다. 이 것은 월권입니다. 영적인 질서의 월권입니다. 그런데 번제 드리기를 마치자마자 사무엘 선지자가 도착했습니다. 늘 일이 꼭 이렇게 됩니다.

> ¹¹사무엘이 이르되 왕이 행하신 것이 무엇이냐 하니 사울이 이르되 백성은 내게서 흩어지고 당신은 정한 날 안에 오지 아니하고 블레셋 사람은 믹마스에 모였음을 내가 보았으므로 (삼상 13:11)

사무엘이 왕이 행하신 것이 무엇이냐고 묻자 사울이 변명을 시작합니다. 백성이 자신에게서 흩어지고, 사무엘은 정한 날에 오지 않고, 블레셋 사람이 모인 것을 자신이 보았다는 것입니다.

사울이 본 것이 무엇입니까? 군대였습니다. 어마어마한 위용과 당당한 자세로 진치고 있는 엄청난 숫자의 블레셋 군대를 본 것입니다. 사람이 무엇을 듣고, 무엇을 보느냐가 그 사람을 형성해 버리고 맙니다. 사울의 통치 기반은 백성들의 여론이었다고 앞서 말씀드렸습니다.

사울의 입장에서는 당신은 오지 않고 백성들은 흩어지고 적은

코앞에 있는데 그럼 어떻게 하겠냐, 난들 방법이 없지 않았겠냐는 이야기입니다. 하지만 왜 방법이 없습니까? 살아계신 하나님이 이스라엘의 주권자이지 않습니까? 그런데 말씀의 기반이 없으니까 자꾸 인간적인 수단과 인간적인 방법만 골몰하게 되어 있는 것입니다. 그래서 그는 통치 기간 내내 무엇을 했습니까?

> [52]사울이 사는 날 동안에 블레셋 사람과 큰 싸움이 있었으므로 사울이 힘 센 사람이나 용감한 사람들 보면 그들을 불러모았더라 (삼상 14:52)

왕으로서 나라의 지도자로서 사울이 정말 주력했어야 될 초점은 어떻게든 백성들로 하여금 하나님을 향하고 하나님을 의지하도록 만들었어야 옳습니다. 하지만 그는 통치 기간의 모든 에너지를 세력을 키우고 힘을 모으는 데에 집중하고 말았습니다.

아말렉과 싸울 때에도 보란 듯이 20만 명 넘게 데리고 나갔습니다. 그런데 규모가 중요한 게 아니라 전쟁의 방식을 하나님이 기뻐하는 방식대로 끌고 가는 것이 중요합니다.

우리가 살펴본 대로라면 결국 왕이 여호와의 말씀을 버렸으므로 여호와 하나님께서 왕을 버렸습니다.

제임스 스미스는 인간은 무엇인가를 갈망하는 존재라고 말합니다.[*] 인간은 무엇인가를 갈망하면서 살아가고, 그 갈망이 그 사람의 에너지가 된다는 것입니다.

한 사람의 에너지는 그 사람의 정체성이 되고 맙니다. 그러므로 우리가 무엇을 갈망하느냐가 결국 우리의 정체성이 된다는 것입니다. 돈을 갈망하면 그 사람의 인생은 돈으로 규정됩니다. 그것이 정체성이 되는 것입니다.

앞서 언급한 것처럼 사람이 무엇을 듣고 무엇을 보느냐가 그 사람을 형성하게 되어 있습니다. 사실 무엇을 듣고 무엇을 보느냐는 우리 안에 잠재되어 있는 갈망의 결과물입니다. 사람은 자기가 갈망하는 것을 듣고, 자기가 갈망하는 것을 보게 되어 있습니다.

그리고 그것은 그 사람의 또 하나의 모습으로 내면에 은밀하게 형성이 되고 자리 잡습니다. 그래서 어릴 적부터 우리가 무엇을 듣고 무엇을 보고 자라느냐는 매우 중요합니다.

그러면 지금 현대인들의 심각한 문제는 무엇일까요? 지금 이 시대의 화두 중 하나가 가짜 뉴스입니다. 현대인들은 그 가짜 뉴스에 여과 없이 노출되어 있습니다. 그것들이 유통되는 미디어에 우리가 빨려 들어가 있어서 그렇습니다. 우리는 인터넷, 유튜브, 팟캐스트, SNS 등 다양한 매체의 매커니즘 속에 구조적으로는 톱니바퀴처럼

■
『습관이 영성이다』(비아토르, 2018) 참조

기계적으로 끼어있습니다.

한국인터넷진흥원이 발표한 〈2019 인터넷 이용 실태조사〉를 보면 대한민국 국민 한 사람이 주 평균 인터넷에 접속해 있는 시간이 17시간 40분입니다. 14시간에서 21시간 미만이 21.2%, 21시간에서 35시간 미만이 26.8%입니다. 심지어 35시간 이상이라고 답한 사람이 11.2%나 됩니다. 이 수치는 엄청난 수치입니다. 이것은 세계 평균치에서도 가장 높은 수치입니다.

같은 조사에서 밝힌 연령별 인터넷 이용률을 보면 3~9세가 91.2%, 10대와 20대는 99.9%, 30대는 100%를 기록했습니다. 40~50대도 90%를 넘는 이용률을 보입니다.

당연한 결과입니다. 길을 걷거나 대중교통을 타고 이동하는 중에도, 심지어 가족끼리 앉아 있으면서도 전부 다 스마트폰을 쳐다보고 있습니다. 이제는 스마트폰 중독이라는 말을 넘어서 스마트폰과 일심동체가 되어 있습니다.

문제는 이렇게 인터넷과 스마트폰에 대한 의존도가 높은데 그속에 수많은 가짜 뉴스들, 불건전한 정보들이 넘쳐나고 있다는 점입니다. 어른 아이 할 것 없이 쏟아지는 수많은 잘못된 정보, 가짜 뉴스들에 지속적으로 여과 없이 노출되고 있습니다.

그런 정보들에 수십 년간 노출되다 보면 어떤 인격이 형성되겠습니까? 초등학생들이 부동산 업자가 되는 것이 꿈이라는 말이 괜히 나오는 게 아닙니다. 보고 듣고 읽은 결과물이 그렇게 툭툭 튀어

나오는 것입니다.

여러분이 작금의 시대적 상황을 모를까 봐 이런 수치를 말씀드리고 있는 것이 아닙니다. 이제 이것은 거스를 수 없는 이 시대의 흐름이고, 생활이고 대세가 되었습니다.

그렇다면 정직하게 여러분이 영원한 생명과 하나님의 나라를 위해 성경 말씀에 투자하는 시간은 과연 얼마나 됩니까? 삼사십 분 되는 주일 설교 시간에 신앙의 운명을 걸고 있지는 않습니까?

'후탁 성도'라는 말을 들어 보셨습니까? 주일만 되면 선반 위에 누워 있던 성경을 꺼내 가지고 후 하고 불어 탁하고 먼지를 털고 나오는 사람을 후탁 성도라고 부릅니다.

중세 시대에 사제들만 가지고 있던 성경을 성도들에게 돌려준 것이 종교 개혁이었다고 한다면, 제2의 종교 개혁은 무엇이어야 할까요? 이제는 종교개혁자들이 여러분에게 돌려준 성경을 직접 관찰하고 해석하고 적용해서 스스로 성경을 씹고 뜯고 소화할 수 있는 실력을 길러야 합니다.

개혁은 무슨 거창한 것을 말하는 것이 아닙니다. 어떤 제도를 백날 뜯어 고쳐 봐야 사람이 안 바뀌면 아무것도 아닙니다. 스스로 성경을 먹고 소화를 시킬 정도의 실력을 갖춰야 됩니다.

한국 교회가 개혁을 외치는데 무엇이 참된 개혁일까요? 일반 성도들이 똑똑해지는 것이 개혁입니다. 성도들이 하나님의 말씀을 분별하고, 시대의 소리들을 분별할 수 있는 능력을 갖추는 것이 개혁입니다.

스마트폰을 사용하여 도움도 유익도 안 되는 그런 소식을 수십 시간 접하면서, 과연 일주일에 내 영혼의 건강을 위해서 얼마나 하나님의 말씀을 읽고 해석하고 연구하고 공부하고 있는가 하는 깊이 고민을 해야 합니다. 이제는 그 흐름을 끊어야 합니다. 스마트폰을 보고 인터넷을 두 시간 한다면, 성경은 네 시간 읽을 각오를 해야 합니다.

더 나아가 세상의 이런저런 가짜 정보에 휩쓸리지 않을 수 있는 분별력을 키워야 합니다. 가장 우선되는 것은 앞서 말씀드린 것처럼 하나님의 말씀에 귀 기울이는 것입니다. 세상에서 바른 소리라고 하더라도 하나님의 말씀의 가치에 부합하는지 분별해야 하는 것이 성도의 책무입니다. 그리고 세상의 소리들 중에서 반복되는 가짜 뉴스들에 대해서도 잘 분별해야 합니다.

〈세상을 바꾸는 시간, 15분〉■에서 삼성전자 연구원 권세정 씨가 가짜 뉴스, 즉 루머의 특징에 관해 소개한 내용을 정리해 보고자 합니다.

첫 번째, 루머는 지속적이고 반복적입니다. 끊어질 듯 말 듯 계

■
CBS 강연 프로그램

—

속 재생산됩니다. 그래서 결국에는 누구나 한 번쯤 들어 본 이야기로 번지고 맙니다.

두 번째, 루머는 소규모이며 산발적으로 전파됩니다. 그야말로 알음알음 전파되는 것입니다. 그래서 사실 관계를 확인할 필요성이 잘 제기되지 않습니다.

세 번째, 루머는 정보의 소재가 불투명합니다. 쉽게 말하면 사돈의 팔촌의 조카에게서 들었다는 식입니다. 이것은 출처 확인이 어렵다는 뜻입니다. 그러나 이상하게도 나의 지인에게서 들은 정보라는 특징 때문에 신빙성 있다고 여기게 됩니다.

네 번째, 루머는 가까운 사람들을 중심으로 폐쇄적인 관계 안에서 전파됩니다. 그래서 가치관이나 신념에 부합하는 정보에만 주목하고 그 외의 정보는 무시하는 경향의 심화가 일어납니다.

가짜 뉴스의 이러한 특성들 때문에 이야기 자체가 편향적이고 극단적이 되는 현상이 나타납니다. 그리고 다른 사람들을 매도하게 됩니다. 만약 그것의 진의가 나중에 참이 아닌 거짓으로 판명이 되면, 그 이야기의 대상인 사람은 어떻게 되겠습니까? 그래서 실제로 끔찍한 사건이 많이 일어났습니다. 이것은 인격 살인입니다.

자기가 직접 듣고 확인한 이야기가 아니면 절대 퍼뜨리지 말아야 합니다. 그리고 자기가 직접 듣고 눈으로 본 것도 허상일 때가 많습니다. 그 이면에는 내가 본 게 다가 아님이 드러날 때가 많습니다. 그런 사정이 있었구나 하고 생각하게 될 때가 많습니다.

어느 지하철에서 눈이 풀린 아버지가 애 둘을 데리고 탔는데 아이들이 난리 법석이었습니다. 옆에서 보고 있던 아주머니가 큰소리로 나무라며 말렸습니다. 그제야 정신이 든 아버지는 아이들을 손으로 붙잡고 죄송하다며 용서를 구하고 사과를 했습니다. 그리고 나중에서야 아내의 장례를 치르고 오는 길이라고 넋두리를 했습니다. 눈에 보이는 사실만 봤을 때는 어떻게 저런 무례한 아이들과 아버지가 있나 싶었는데, 그 이면에 속사정을 들어 보니 참 가슴 아픈 스토리가 담겨 있었습니다.

이런 일이 얼마나 많습니까? 우리가 보고 느끼는 것이 전부가 아니란 말입니다. 가짜 뉴스는 사회를 병들게 만들고, 극단적이 되도록 하며, 공동체를 깨뜨립니다. 이 이야기는 단순히 그런 루머에 휩쓸리지 말자, 이런 차원의 목적지가 아니라 하나님의 말씀으로 가치관을 반복해서 새롭게 하자는 것입니다.

²⁵그런즉 거짓을 버리고 각각 그 이웃과 더불어 참된 것을 말하라 이는 우리가 서로 지체가 됨이라 (엡 4:25)

성경은 그리스도인들을 참된 것을 말하는 사람들로 정의합니다. 참된 것이란 단순히 진위에 있어서 정확한 것일 뿐만 아니라 복음의 가치 안에서 바른 것을 의미합니다.

지금 세상이 가짜 뉴스로 들끓는 것은 단순히 흥밋거리를 만들어 내기 위한 사람들의 일탈 때문이 아닙니다. 오히려 거짓으로 다른 사람을 해하여서라도 자신들의 원하는 바를 이루어 내고자 하는 욕망이 만들어 내는 산물이라고 해야 할 것입니다.

가짜 휘발유에 가장 많이 들어 있는 성분은 역설적이게도 진짜 휘발유입니다. 다시 말해서 가짜 뉴스에는 진짜 정보도 있다는 의미입니다. "여기에 사실도 있어"라는 말만큼 무책임한 말도 없는 것입니다.

그럼에도 약간의 사실 관계를 더하거나 비틀어서 사람들을 선동시키는 이가 많습니다. 이것은 이웃을 해하는 일입니다. 바른 것을 말하는 태도가 아닙니다.

안타까운 것은 교회 안에서 이런 선동이 자주 일어난다는 것입니다. 교회의 이런저런 단체 채팅방이나 그룹 SNS를 통해 확인되지 않은 사실이 쉽게 퍼져 나갑니다. 그것이 확산되어 또 다른 가짜 뉴스를 만들어 내고 누군가를 상하게 만듭니다. 복음의 가치, 참된 것과 거리가 먼 것들입니다.

특별히 저와 같은 목사들이 주의해야 합니다. 중직자나 소그룹 리더들이 제대로 깨어 있어야 합니다. 그리스도인들은 자신의 말에 책임을 지는 사람들이어야 합니다. 거짓된 것을 함부로 퍼 날라서도 안 되고, 확신을 가지고 말해서도 안 됩니다. '참된 것'을 말해야 한다는 엄중함을 가지고 우리의 입술을 다스려야 합니다. 교회에서 참된 것을 말하지 않는다면, 하물며 세상이겠습니까?

기
도

¹예수께서 이 말씀을 하시고 눈을 들어 하늘을 우러러 이르시되 아버지여 때가 이르렀사오니 아들을 영화롭게 하사 아들로 아버지를 영화롭게 하게 하옵소서 ²아버지께서 아들에게 주신 모든 사람에게 영생을 주게 하시려고 만민을 다스리는 권세를 아들에게 주셨음이로소이다 ³영생은 곧 유일하신 참 하나님과 그가 보내신 자 예수 그리스도를 아는 것이니이다 ⁴아버지께서 내게 하라고 주신 일을 내가 이루어 아버지를 이 세상에서 영화롭게 하였사오니 ⁵아버지여 창세 전에 내가 아버지와 함께 가졌던 영화로써 지금도 아버지와 함께 나를 영화롭게 하옵소서 ⁶세상 중에서 내게 주신 사람들에게 내가 아버지의 이름을 나타내었나이다 그들은 아버지의 것이었는데 내게 주셨으며 그들은 아버지의 말씀을 지키었나이다 ⁷지금 그들은 아버지께서 내게 주신 것이 다 아버지로부터 온 것인 줄 알았나이다 ⁸나는 아버지께서 내게 주신 말씀들을 그들에게 주었사오며 그들은 이것을 받고 내가 아버지께로부터 나온 줄을 참으로 아오며 아버지께서 나를 보내신 줄도 믿었사옵나이다

오래된 영화 중에 〈버킷 리스트 : 죽기 전에 꼭 하고 싶은 것들〉 (The Bucket List, 2007)라는 영화가 있습니다. 잭 니콜슨과 모건 프리먼이라는 배우가 주인공으로 등장합니다.

두 사람의 인생은 완전히 정반대입니다. 잭 니콜슨이 연기한 에드워드는 자수성가한 백만장자이자 괴팍한 노인입니다. 모건 프리먼이 연기한 카터는 성실한 자동차 정비공으로 가족을 위해 평생을 헌신한 사람입니다.

두 사람 다 나이가 들고 병든 채로 병원에 입원을 하면서 한 병실을 쓰게 됩니다. 카터는 버킷 리스트를 작성하지만 살날이 얼마 남지 않았다는 의사의 말에 그것을 쓰레기통에 버립니다.

한편 에드워드가 그것을 주우면서 카터에게 버킷 리스트를 이루기 위한 여행을 제안하게 됩니다. 영화는 이를 실현하며 어질러진 삶을 회복하고 치유해 나가는 과정을 담고 있습니다.

버킷 리스트라는 단어는 사실 무서운 배경을 가지고 있습니다. 버킷은 양동이라는 뜻입니다. 예전에 교수형을 집행할 때는 목에 밧줄을 걸고, 양동이 위에 죄수들을 올려놓았습니다. 양동이를 발로 차 떨어뜨리는 방법으로 형을 집행한 것입니다. 그래서 영어로 킥 더 버킷(kick the bucket)이라는 말은 죽는다는 의미의 비속어로 쓰입니다. 바로 이 단어에서 버킷 리스트라는 말이 파생됩니다. '죽기 전에 하고 싶은 일의 목록' 정도로 이해할 수 있습니다.

요한복음 17장에서는 예수님의 죽음의 시간, 그러니까 십자가를 져야 할 시간이 임박해 있다는 것을 보게 됩니다. 예수님께서는 당신이 곧 죽을 거란 사실을 알고 계셨습니다. 아마 예수님도 버킷 리스트가 있지 않았을까요? 그런 의미로 예수님의 남은 시간 속에서 첫 번째 버킷 리스트가 요한복음 17장이지는 않을까 하는 생각을 해볼 수 있습니다.

이 본문은 우리에게 '예수님의 중보 기도'로 잘 알려져 있습니다. 앞서 말씀드린 버킷 리스트를 생각해 보면 이것은 무슨 뜻입니까? 예수님이 십자가를 지기 전까지 꼭 이루어야 하는 일 중 하나가 지금의 제자들과 훗날의 교회를 위한 기도였다는 것입니다.

본문은 크게 세 단락으로 구성되어 있습니다. 첫 단락은 1절에서 6절까지로 예수님의 중보 기도 첫 부분이 됩니다. 예수님은 가장 먼저 자신을 위해 기도하십니다. 두 번째 단락은 7절에서 19절까지로 이 땅에 남겨질 제자들을 위해 기도하십니다. 마지막 세 번째 단락은 제자들을 통해 복음을 듣고 저 역사의 산등성이를 넘어 구현될 새로운 공동체, 오늘날 우리라고도 할 수 있는 훗날의 교회를 위한 기도입니다.

보통 성경의 다른 부분들에서는 예수님이 기도에 대해 가르치시는 내용이 주로 묘사됩니다. 그런데 이렇게 요한복음 17장에서는 예수님이 직접 기도하시고, 그 기도한 내용이 매우 상세하게 기록되어 있는 것을 봅니다. 그렇기에 이 안에는 분명 여러 신학적 가르침이 포함되어 있다고 볼 수 있습니다.

특별히 이 기도가 예수님께서 '대제사장'으로서 드리신 기도이기 때문에 우리의 구원에 관하여서 생각해 볼 주제가 많습니다. 하지만 이 장에서는 '기도' 자체에 좀 더 집중을 하려고 합니다. 더 나아가 예수님의 이 간절한 기도가 우리의 기도 생활에 주는 의미가 무엇인지 생각해 보기를 바랍니다.

본문 1절을 보겠습니다.

¹예수께서 이 말씀을 하시고 눈을 들어 하늘을 우러러 이르시되 아버지여 때가 이르렀사오니 아들을 영화롭게 하사 아들로 아버지를 영화롭게 하게 하옵소서 (요 17:1)

우리는 중보 기도라고 하면 어떤 기도라고 생각합니까? 누군가의 필요, 또는 누군가를 위해 기도하는 것을 중보 기도라고 이해하고 있지 않습니까? 일종의 편견이 작용했다고 할 수 있습니다.

그렇다면 예수님의 중보 기도 역시 그런 기도여야 합니다. 그런데 뜻밖에도 대제사장적 중보 기도라고 널리 알려진 본문의 첫 번째 내용은 누구를 위한 기도입니까? 바로 예수님 자신에 대한 것임을 알 수 있습니다. 가장 먼저 당신 자신을 위해 기도하고 계신 것입니다.

이것은 평소 우리가 성경 속에서 보던 예수님의 모습과 상이하다는 생각을 갖게 합니다. 언제나 희생하고, 양보하느라 자신은 뒷자리에 두시는 예수님께서 이상하게도 중보 기도의 첫 번째 대상을 당신 자신으로 두고 계십니다.

여기서 우리는 편견을 깨야 합니다. 보통 중보 기도가 누군가를 위한 기도라는 것은 맞는 이야기입니다. 하지만 순서적으로 먼저 누구를 위해 기도해야 합니까? 본문을 보면 답이 나옵니다. 바로 자신을 위해 기도해야 합니다. 자신을 위해 먼저 기도해야 한다는 것이 처음에는 의아했지만 이 본문을 묵상하는 가운데 저절로 고개가 끄덕여지기 시작했습니다.

우리는 '나를 위해 먼저 기도한다'라고 하면 굉장히 이기적이라거나 미성숙하다는 오해를 갖기 쉽습니다. 그러나 상식선에서 한번 생각해 볼까요? 남을 위하는 기도가 가능하려면 먼저 자기 자신 안에 무언가 나올 만한 여지가 있어야 합니다.

자기 자신의 심정이 하나님 안에서 풍성하지 못하다면 어려운 처지에 있는 사람들을 향한 마음이 흘러나오기 어렵습니다. 우리가 진정으로 누군가를 위해 기도하고자 한다면 먼저 우리 자신의 상태를 위해, 특별히 우리 영혼의 상태를 위해 기도해야 합니다.

1절을 보면 예수님이 하신 기도의 첫마디는 "아버지여 때가 이르렀사오니"였습니다. 요한복음에서 '때'라는 표현은 십자가의 죽음, 고난과 연결되어 있습니다. 그리스도께서 십자가를 지시고 영광을 받으시는 때, 바로 그 시간을 이야기하는 것입니다.

예수님은 이를 위해 하나님께 기도를 드리기 시작하셨습니다. 그러니까 예수님은 이 땅에서의 사역 중 가장 절정에 이르는 십자가 사역을 감당하시기 위해 그 시작을 기도로 열고 계신 것입니다.

그 첫 간구를 다시 들여다보겠습니다. 1절을 다시 볼까요?

¹예수께서 이 말씀을 하시고 눈을 들어 하늘을 우러러 이르시되 아버지여 때가 이르렀사오니 아들을 영화롭게 하사 아들로 아버지를 영화롭게 하게 하옵소서 (요 17:1)

여기에서 우리는 조금 새로운 기도의 내용을 만나게 됩니다. 예수님은 자신을 영화롭게, 또 영광스럽게 해 주실 것을 간구하고 있습니다. 언뜻 봐서는 잘 이해가 되지 않는 부분입니다. 이것은 무슨 내용의 간구일까요?

요한복음 12장을 보겠습니다.

²³예수께서 대답하여 이르시되 인자가 영광을 얻을 때가 왔도다 (요 12:23)

요한복음에서 영광, 영화는 중심 주제 중 하나입니다. 특별히 '영광'이라는 표현은 예수님의 십자가 죽음과 밀접하게 연결되어 있습니다. 앞서 예수님은 그 '때'가 이르렀다는 것을 이미 알고 계셨다고 말씀드렸습니다. 영광을 얻으실 때, 곧 십자가를 지실 때가 가까이 다가왔고, 이제 예수님께서는 그 때에 영광을 받게 해 달라고 간구하고 있는 것입니다.

이것을 풀어서 표현하자면 이런 의미입니다. "이제 아버지께서 정하신 십자가를 질 때가 가까이 왔습니다. 제가 그 십자가의 잔을 잘 감당할 수 있도록 도와주시길 원합니다." 예수님은 우리가 생각하는 식의 영광을 달라고 간구하고 있는 것이 아닙니다.

우리가 생각하는 영광은 무엇입니까? 큰 상과 상금을 받는 것, 높은 자리에 오르는 것을 영광이라고 여기지 않습니까? 그런데 예수님이 청하신 영광은 아버지의 뜻에 끝까지 순종할 수 있도록 하는 것, 문자 그대로 죽기까지 순종할 수 있게 해 주시기를 간구하고 있는 것입니다.

우리는 예수님의 이 첫 간구에서 기도의 본질을 다시 배웁니다. 기도는 자신의 뜻을 관철시키기 위한 도구가 아닙니다. 예수님은 자기 자신을 위해 먼저 기도하셨습니다. 그런데 이것은 자신을 위한 간구이지만, 자신을 위한 것이 아니기도 합니다.

'나를 영화롭게 하옵소서'라는 간구에는 철저한 자기 부인이 들어 있습니다. 나의 영광을 추구하는 것이 아니라 궁극적으로 아버지의 영광을 추구하는 것이 예수님의 기도입니다. 내가 아버지의 뜻에 철저히, 죽기까지 순종함으로써 아버지의 뜻이 이루어지기를 원하는 것이 예수님의 자신을 위한 기도였습니다.

마태복음 6장 10절을 보겠습니다.

¹⁰뜻이 하늘에서 이루어진 것 같이 땅에서도 이루어지이다 (마 6:10 하반절)

우리가 늘 외우는 주기도문의 핵심이 무엇입니까? 하늘의 뜻이 땅에서도 이루어지는 것입니다. 하늘에 계신 아버지의 뜻이 이 땅에서 구현되고 나타나길 구하는 것이 기도의 핵심입니다.

그런데 이 땅에서 아버지의 뜻이 어떻게 나타나고 실현됩니까? 누구에 의해서요? 그것은 바로 이 땅에서 하늘 아버지의 뜻대로 행하는 사람들을 통해서 이루어집니다.

우리는 종종 하늘의 뜻이 어쩌다 보면 이루어질 것이라고 생각하곤 합니다. 이것은 '그저 시간이 흐르면 어떻게 되겠지'라는 생각과 다를 것이 없습니다. 시간이 흐르는 대로 내버려 둔다는 생각은 예수님의 가르침과 매우 상반된 것입니다.

우리는 하늘 아버지의 뜻을 알기를 간구해야 합니다. 그리고 그 뜻을 알뿐만 아니라 이 땅에서 살아 낼 수 있기를 간구해야 합니다.

그 길에 고난이 있고, 어려움이 있는 좁은 문, 좁은 길 일지라도 예수님이 영광을 받으시기 위해 십자가를 지신 것처럼, 그 영광의 길을 걷게 해 달라고 간구해야 합니다.

그런 의미에서 예수님이 하늘 아버지께 드리고, 우리에게 가르치신 기도는 일반적인 종교나 샤머니즘의 기도와는 본질적인 차이가 있습니다.

종교인뿐만 아니라 비종교인들도 기도한다고 말합니다. 자신의 건강과 안녕을 빌고, 다른 사람들이 잘되기 바라는 마음을 가집니다. 그것을 자신이 믿는 신에게 간구하기도 하고, 자연을 향하여 그 마음을 표출하는 사람들도 있습니다. 다들 그런 행위들을 일반적으로 기도라고 말합니다.

교회를 다니고 신앙생활을 하는 사람도 '기도'라고 하면 그런 생각을 가장 먼저 떠올립니다. 내가 당면한 문제들, 우리 가족이 처한 어려움들이 풀리기를 소망하며 기도합니다. 그리고 좀 더 여유가 있고 다른 사람들을 향한 마음이 큰 사람들은 이웃과 형제들을 위해 기도하기도 합니다.

물론 좋은 일입니다. 그러한 내용들도 기도에 있어서 중요한 요소들입니다. 우리의 필요를 하나님께 아뢰는 것은 성경이 가르치는 바입니다. 그럼에도 우리는 기도의 본질에 대해 다시 생각할 필요가 있습니다.

기도는 신앙의 총체를 드러냅니다. 기도의 본질은 우리 신앙의 본질이기도 합니다. 기도의 방향이 올바르지 않으면 신앙도 그럴 수밖에 없습니다. 우리의 신앙이 진정으로 바르게 가길 원한다면 우리의 기도부터 바로잡아야 합니다.

기도의 핵심은 '아버지의 뜻'을 추구하는 것에 있습니다. 예수님은 아버지의 뜻을 구하셨습니다. 그리고 그 뜻대로 살기를, 아니 죽기를 간구하셨습니다. 우리는 지금 그렇게 기도하고 있는지 스스로에게 물어야 합니다.

우리의 기도와 간구가 그런 목적과 방향 속에서 이루어지고 있습니까? 우리는 정말 하나님의 뜻에 온전히 순종하고 싶어서 기도하고 있습니까? 혹시 우리의 고집과 욕심, 우리의 뜻을 관철시키기 위해서 기도하고 있지는 않습니까?

우리는 먼저 자신을 위해 기도해야 합니다. 우리의 심령이 우리의 뜻으로 가득 차 있는 한 모든 기도가 다 어그러질 수밖에 없습니다. 기도는 우리 자신을 쳐서 주께 복종시키는 것입니다. 욕심으로 가득한 마음을 주님께 토해 내고 주님의 뜻으로 새롭게 채워야 합니다. 우리의 생각과 의지를 꺾고, 주님의 발 앞에 온전히 엎드리는 것이야말로 온전한 기도입니다.

예수님의 두 번째와 세 번째 간구는 지금 예수님을 따르는 제자들과 또 그 제자들을 통해 복음을 듣고 예수를 믿게 될 훗날의 제자들, 곧 교회를 위한 것입니다.

요한복음 17장 11절을 보겠습니다.

[11]나는 세상에 더 있지 아니하오나 그들은 세상에 있사옵고 나는 아버지께로 가옵나니 거룩하신 아버지여 내게 주신 아버지의 이름으로 그들을 보전하사 우리와 같이 그들도 하나가 되게 하옵소서 (요 17:11)

예수님께서 십자가를 지고 부활하시면 그 이후는 어떻게 됩니까? 승천하십니다. 제자들과 잠시나마, 아니 꽤 오랫동안 물리적으로 떨어져 있을 수밖에 없습니다. 그래서 예수님께서는 성부께 그들을 의탁합니다. 아버지의 이름으로 그들을 보전하실 것을 간구합니다. 그들을 지켜주시고, 보호해 주실 것을 간청하는 기도입니다.

이 간구에서 특별히 '아버지의 이름으로' 그들을 지켜달라고 기도하는 것을 볼 수 있습니다. 이 표현은 크게 두 가지 의미로 해석됩니다. 첫째는 개역개정 성경이 번역한 것처럼 아버지의 이름을 수단으로 보호해 달라는 의미로 이해할 수 있습니다. 아버지의 이름이 어떻게 제자들을 보호할까요? 이름은 속성과 사역을 나타냅니다. 다시 말해 아버지의 이름을 걸고 지켜달라는 의미입니다.

둘째는 '아버지의 이름 안에서' 보호해 달라는 의미로 번역이 가능합니다. 영역의 의미를 강하게 드러내고자 하는 해석이 됩니다. 제자들이 아버지의 이름 안에, 곧 아버지 안에 머물도록 지켜주시기를 기도하는 것입니다.

이 두 번역과 해석 모두 가능성이 있습니다. 그 차이가 아주 큰 것은 아니며, 서로 상호 보완적입니다. 그럼에도 '아버지 이름'이 가진 영역적인 특성을 조금 더 강조할 때 본문의 의미가 새롭게 드러나는 부분들이 있습니다.

잠언 18장입니다.

[10]여호와의 이름은 견고한 망대라 의인은 그리로 달려가서 안전함을 얻느니라 [11]부자의 재물은 그의 견고한 성이라 그가 높은 성벽 같이 여기느니라 (잠 18:10-11)

우리는 여호와의 이름을 공간적인 의미로 묘사한 구절을 만납니다. 의인, 곧 하나님 백성은 여호와의 이름으로 달려갑니다. 여호와의 이름이 망대요, 하나님의 백성에게 안전한 공간입니다.

예수님께서 제자들을 위해 기도하실 때 아버지의 이름 안에서 보호하여 주실 것을 간구하셨습니다. 여기에는 제자들이 하나님의 이름을 자신들의 안전한 처소요 피난처로 삼아야 한다는 것이 전제되어 있습니다. 하나님의 백성은 오직 여호와의 이름 안에서만 보호받을 수 있습니다.

잠언을 다시 살펴보면 여호와의 이름과 대비된 개념으로 재물이 제시되는 것을 알 수 있습니다. 하나님의 백성에게 하나님의 이름이 안전한 공간이었다면 부자에게는 그의 재물이 그의 경고한 성이자 공간입니다. 부자는 재물을 높은 성벽처럼 아무도 뚫을 수 없는 공간, 어떠한 상황에도 의지할 수 있는 공간으로 여기고 살아갑니다. 이처럼 하나님 백성의 삶과 세상 사람들의 삶은 어디를 피난처로 여기느냐에 따라 갈리게 됩니다.

제자들이 던져진 세상은 하나님과 그가 보내신 그리스도를 알지 못하기에 자신들의 성을 쌓아 안전을 보장받고자 합니다. 이런 모습은 성경에서도 찾아볼 수 있습니다.

아우를 죽인 가인이 가장 먼저 한 일은 무엇입니까? 자신의 이름으로 성을 쌓는 것이었습니다. 홍수 이후에 타락한 인간들은 무엇을 하고자 했습니까? 자신들의 이름을 낼 높은 성읍과 탑을 쌓고자 했습니다. 이것이 세상 사람들이 살아가는 방식입니다.

그러한 세상 한복판에 제자들과 교회가 던져졌습니다. 그러나 제자들은 세상 사람들의 방식대로 살아갈 수 없습니다. 교회는 세상에 속하지 않기 때문입니다. 이러한 차이로 인해 세상은 제자들과 교회를 미워합니다. 적극적으로 혐오하기도 하고, 자신들의 삶의 방식으로 끌어들이기 위해 유혹하기도 합니다. 그래서 교회는 하나님의 보호가 절대적인 공동체입니다.

> [15]내가 비옵는 것은 그들을 세상에서 데려가시기를 위함이 아니요
> 다만 악에 빠지지 않게 보전하시기를 위함이니이다 (요 17:15)

예수님도 그것을 아시기 때문에 제자들과 훗날의 교회를 두고 위와 같은 간구를 하신 것입니다. 하지만 한편으로는 이런 생각이 들지 않습니까? 그렇게 절대적인 보호가 필요하다면 교회를 안전한 하늘로 올리시면 되지 않겠는가 하는 생각 말입니다. 마치 예수님은 이런 질문을 미리 알고 계시기라도 하는 듯 그들, 즉 우리를 세상에서 데려가시기를 위함이 아니라고 말씀하십니다.

교회는 여전히 악한 세상 속에 남아 있어야 합니다. 이리 가운데로 보내진 양처럼 여러 위협들이 있더라도 그러한 악으로부터 하나님의 보호를 받으며 거룩함을 유지하도록 예수님은 간구하고 계십니다.

앞서 말씀드린 것처럼 하늘의 뜻이 이 땅에 이루어지는 것이 주님의 바람입니다. 그것을 위해서는 하늘과 연결되어 이 땅에 그 뜻을 알리며 살아 내는 사람들이 필요합니다. 바로 제자요 교회 공동체입니다.

교회는 진공 상태에 있는 것이 아닙니다. 하늘의 뜻을 풀어내고

실현해 내야 할 곳은 악으로 가득한 세상입니다. 하나님과 그분의 교회를 대적하는 곳입니다. 무려 하나님의 아들이 이 땅에 오셨지만 어둠이 가득한 세상은 그를 알지 못하였습니다. 그럼에도 죽기까지 하늘의 뜻을 이루신 분이 예수 그리스도십니다.

그리고 이제 예수님께서는 그분의 교회를 세상에 보내시며 그들도 예수님처럼 살아가길 기대하고, 그들을 위해 기도하고 계십니다. 악한 세상을 회피하지 않으면서도, 그 악에 휩쓸리거나 동화되지 않기를 간구하고 계십니다. 이것은 그야말로 좁은 길입니다.

우리는 세상을 아예 등진 채 살아가거나, 세상에 휩쓸려 살아가거나 둘 중 하나에 빠지기가 쉽습니다. 그러나 이 둘 모두 하늘 아버지의 뜻이 아닙니다.

교회가 선택하여 걸어갈 길은 거룩의 길입니다. 우리는 그 길을 걷게 해 달라고 간구해야 합니다. "다만 악에서 구하옵소서"라는 기도가 우리 입에서 끊이지 않아야 합니다. 사실 이 기도는 세상을 등지고 살아가는 이들에게는 필요 없는 기도입니다. 그러나 악한 세상 속에서 거룩함을 유지하고자 하는 이들에게는 필수적인 기도입니다.

그렇다면 왜 교회는 이 땅에 남아 있어야 합니까? 왜 그 좁고 험한 길을 계속해서 걸어야 합니까?

²¹아버지여, 아버지께서 내 안에, 내가 아버지 안에 있는 것 같이 그
들도 다 하나가 되어 우리 안에 있게 하사 세상으로 아버지께서 나
를 보내신 것을 믿게 하옵소서 (요 17:21)

예수님은 교회가 이 땅에 남아 있어야 하는 이유에 대하여 분명
하게 말씀하십니다. 세상이 예수님을 믿게 하기 위함입니다. 하나
님께서 그 아들을 세상에 보내신 것은 이 세상이 멸망치 않고 예수
께 나아와 구원을 얻게 하기 위함입니다.

동일한 목적을 위해 그리스도께서는 우리를 세상에 보내시고 세
상에 남겨 두셨습니다. 그 세상 속에서 아버지를 나타내고, 아들을
증거하여 세상이 하나님께 돌아오도록 하는 것이 교회의 절대적인
사명입니다. 이를 위해 교회는 그 좁은 길을 걸어가야 합니다.

이를 위한 제자와 교회를 향한 예수님의 기도에서 우리는 중요
한 내용 한 가지를 발견합니다. 그것은 '하나 됨'입니다. 예수님께서
교회를 보호해 주실 것을 위해 기도하실 때도 아버지의 이름 안에서
하나 될 것을 기도하셨습니다.

교회의 사명을 위한 기도에서도 교회의 하나 됨이 하나님과 예
수 그리스도를 세상에 증거하는 중요한 본질이라는 것을 다시금 알
려주고 계십니다.

하나 됨이란 무엇입니까? 예수님은 그것을 아버지께서 아들 안

에, 아들이 아버지 안에 있는 것과 동일시하십니다. 그것은 사랑의 하나 됨입니다. 친밀한 교제를 넘어선 나눔입니다. 다름 아닌 자기 자신을 내어 주는 것입니다.

예수님이 성부 하나님께 죽기까지 순종한 것은 사랑의 결과였습니다. 사랑만이 참된 순종을 이끌어 냅니다. 사랑에는 거짓이 없습니다. 그러한 사랑의 관계가 온전한 하나 됨을 이루게 합니다. 그리고 바로 그렇게 제자와 교회가 하나 되어 삼위 하나님 안에 머물게 되기를 간구하고 계십니다. 제자들이 서로 사랑하여 하나가 될 때 하나님이 그들과 함께 하심을 세상이 알게 될 것이라고 성경은 말하고 있습니다.

> [35]너희가 서로 사랑하면 이로써 모든 사람이 너희가 내 제자인 줄
> 알리라 (요 13:35)

이처럼 예수님께서 교회에게 맡기신 사명과 교회의 하나 됨은 불가분의 관계에 있습니다. 하나 됨 자체는 우리에게 좋은 일인 동시에 세상을 위한 것이기도 합니다. 교회는 입술로 예수를 증거할 수 있지만 더 본질적으로는 공동체의 하나 됨과 사랑의 나눔을 통해 세상을 향한 하나님을 드러냅니다.

세상은 겉과 속이 다른 메시지에 질려 있습니다. 세상은 '진정성'에 목말라 있습니다. 교회의 하나 됨이야말로 교회가 세상을 향하

여 보여줄 수 있는 진정성입니다.

우리는 예수님의 기도가 언제나 사명을 향하여 있다는 것을 발견하게 됩니다. 예수님은 자신의 사명을 위해 기도하셨고, 자신의 제자들과 교회의 사명을 위해서도 기도하셨습니다. 하늘 아버지의 뜻이 이 땅에서 이뤄지는 일을 위해 기도하신 것입니다.

이 모든 기초 위에 사랑이 있습니다. 사명과 순종이 어디에서 나옵니까? 바로 사랑에서 나옵니다. 세상을 향한 아버지의 사랑이 예수 그리스도를 세상에 보내셨습니다. 세상과 아버지를 향한 그리스도의 사랑이 예수님을 십자가의 자리까지 인도하셨습니다.

> [26]내가 아버지의 이름을 그들에게 알게 하였고 또 알게 하리니 이는 나를 사랑하신 사랑이 그들 안에 있고 나도 그들 안에 있게 하려 함이니이다 (요 17:26)

그렇다면 우리가 진정으로 기도해야 할 것은 무엇입니까? 우리 안에 사랑이 회복되는 것입니다. 우리를 향한 하나님의 사랑을 깨닫고 경험하여, 하나님을 향한 사랑과 세상을 향한 사랑으로 충만하여 지는 것입니다.

거기에서 참된 사명을 위한 기도가 나옵니다. 사랑 없는 사명은 또 다른 율법주의에 지나지 않습니다. 사명 없는 사랑은 자아도취

적일 뿐입니다. 그것은 성경이 말씀하는 사랑이 아닙니다.

그러므로 기도는 하나님의 참된 사랑을 회복하는 자리여야 합니다. 우리 내면에 가득 찬 우상들을 버리고 하나님을 향한 온전한 사랑이 회복되는 시간이어야 합니다. 우리의 이기적인 마음들이 하나님의 사랑으로 지배받는 시간이어야 합니다.

우리는 그때야 비로소 바르게 기도할 수 있습니다. 우리를 왜 지금 이 세상에 두셨는지 눈을 뜨게 될 것입니다. 세상을 이처럼 사랑하신 하나님의 마음을 알고 세상을 향해 그 사랑을 전하는 교회요 성도로 서게 될 것입니다.

예수님의
10가지 명령

성령 충만

¹⁵그런즉 너희가 어떻게 행할지를 자세히 주의하여 지혜 없는 자 같이 하지 말고 오직 지혜 있는 자 같이 하여 ¹⁶세월을 아끼라 때가 악하니라 ¹⁷그러므로 어리석은 자가 되지 말고 오직 주의 뜻이 무엇인가 이해하라 ¹⁸술 취하지 말라 이는 방탕한 것이니 오직 성령으로 충만함을 받으라 ¹⁹시와 찬송과 신령한 노래들로 서로 화답하며 너희의 마음으로 주께 노래하며 찬송하며 ²⁰범사에 우리 주 예수 그리스도의 이름으로 항상 아버지 하나님께 감사하며 ²¹그리스도를 경외함으로 피차 복종하라

이번 장에서 살펴볼 본문은 '성령 충만'이라는 주제가 아주 명확하게 드러나는 본문입니다. 성령 충만에 대해서는 많은 성도가 잘 알고 있는 것처럼 보이지만, 또 가장 왜곡되어 있는 주제이기도 합니다. 과연 성경이 말하는 성령 충만이 무엇인지 정확히 살펴볼 필요가 있습니다. 명확한 개념 정리가 없을 때 왜곡된 성령 충만을 추구하게 될 우려가 있기 때문입니다.

먼저 15절에서 16절을 살펴보겠습니다.

> [15]그런즉 너희가 어떻게 행할지를 자세히 주의하여 지혜 없는 자 같이 하지 말고 오직 지혜 있는 자 같이 하여 [16]세월을 아끼라 때가 악하니라 (엡 5:15-16)

지혜라는 주제가 등장합니다. 지혜 없는 자가 있고, 지혜 있는 자가 있다고 말하는데 그 둘의 구분 기준이 무엇입니까? 뜻밖에도 그 기준이 '자세히 주의하는 것'입니다. 어떻게 행할지, 무엇을 행할지를 자세히 주의하여 살펴 행하는 자가 지혜 있는 자라고 합니다.

왜 그렇습니까? 때가 악하기 때문입니다. 세월을 아끼라는 말은 '기회를 사라'는 뜻으로 해석될 수도 있고, '시간을 구원하라'는 의미로 이해될 수도 있습니다.

다시 말해서 이 악한 때에 대한 분별없이 그저 남들 사는 대로 살면서 시간을 허비해 버리는 자가 지혜 없는 자라는 말입니다.

반면에 지혜 있는 자는 이 모든 것을 주의하여 살피는 자입니다. 어떤 방향으로 가야 할지, 어떻게 사는 것이 그리스도 안에서 구원받은 인생으로서의 값진 삶인지를 분별하면서 행해야 한다는 것입니다.

> [1]그러므로 형제들아 내가 하나님의 모든 자비하심으로 너희를 권하노니 너희 몸을 하나님이 기뻐하시는 거룩한 산 제물로 드리라 이는 너희가 드릴 영적 예배니라 [2]너희는 이 세대를 본받지 말고 오직 마음을 새롭게 함으로 변화를 받아 하나님의 선하시고 기뻐하시고 온전하신 뜻이 무엇인지 분별하도록 하라 (롬 12:1-2)

이 세상은 본질적으로 악하고 하나님의 뜻을 거스릅니다. 따라서 시대를 분별하고, 무엇이 하나님을 기쁘시게 하는지 분별하는 것은 성경이 우리에게 일관되게 요구하는 자세이자 태도입니다.

로마서 12장 2절 역시 '이 세대를 본받지 말고 하나님의 선하시고 기뻐하시고 온전하신 뜻이 무엇인지 분별하라'고 권합니다. 이것이 그리스도인들에게 필수적으로 요구되는 자세입니다.

이것을 본문인 에베소서 5장 15절에서는 '자세히 주의하라'고 표현했습니다. 이 말은 하나님의 뜻에 대해서, 그분의 선하시고 깊은 뜻이 무엇인지, 온전하신 뜻이 무엇인지를 분별하라는 것입니다.

이 악한 세상이 흘러가는 대로 우리에게 주어진 기회와 시간들을 그렇게 흘려보내지 않으려면 자세히 주의하여 살펴야 합니다. 그러한 자가 바로 지혜 있는 자입니다.

이어지는 17절은 이것을 보충하여 설명합니다.

¹⁷그러므로 어리석은 자가 되지 말고 오직 주의 뜻이 무엇인가 이해하라 (엡 5:17)

어리석은 자는 지혜 없는 자와 같은 의미입니다. 어리석은 자가 되지 않으려면 주의 뜻이 무엇인지를 이해해야 합니다. 이것은 지성과 이성을 사용하는 것과 관련이 있습니다.

본문에서 성령 충만을 이야기하기에 앞서 지혜에 대해 말하기 때문에 지혜를 먼저 살펴보았습니다. 하지만 우리는 성령 충만을 실질적으로 언급하고 있는 본문을 살피고 있다는 것을 기억해야 합니다.

흔히 성령 충만이라고 하면 신비로운 체험을 떠올릴 때가 많습니다. 이성과 지성을 배제한 어떤 초월적 경험을 성령 충만으로 이해합니다. 그러나 오늘 성경의 가르침은 이러한 오해를 뒤집고도 남습니다. 물론 성령의 역사는 우리의 이성과 지성을 뛰어넘을 때가 많지만 성경은 맹목적인 믿음이나 반지성적 태도를 가르치지 않습니다. 오히려 생각할 것을 권하고, 이성을 사용하여 이해하라고 말씀합니다.

하나님의 뜻은 우리가 흔히 생각하듯 하늘에서 들려오는 음성을 들어 알게 되는 것이 아닙니다. 우리는 자꾸 그런 신비스런 경험이 있어야 하나님의 뜻을 알 수 있다는 오해에 넘어가고는 합니다.

그러나 성경은 우리가 생각할 것을 명합니다. 주님의 뜻을 분별하는 것은 예수 그리스도를 통해 주신 큰 계시와 성경 안에서 우리의 이성과 지성을 사용하는 활동과 관련되어 있습니다. 그러므로 성령 충만은 언제든지 하나님의 말씀과 분리되어서 등장하거나 이야기될 수 없습니다.

불행하게도 한국 교회에서 성령 충만을 이야기할 때면 자칫 은사주의 쪽으로 집중하는 모습을 보입니다. 성령 충만하면 방언이나 은사, 갖가지 능력이 나타나고, 불이 임하는 등의 요소만을 지나치게 강조합니다.

문제는 이것이 성령 충만을 대변하는 모습의 전부라고 이해한다는데 있습니다. 그래서 종종 성령 충만하다는 사람을 만나면 좀 무섭게 느껴지기도 합니다. 우리나라 정서에서 성령 충만은 소위 신령하다는 느낌을 주는 것으로 오해하는 경우가 많기 때문입니다.

이제 18절입니다. 드디어 성령으로 충만케 되는 일에 대해 이야기합니다.

> [18]술 취하지 말라 이는 방탕한 것이니 오직 성령으로 충만함을 받으
> 라 (엡 5:18)

성령 충만을 이야기하려다 여기까지 왔는데, 지금까지의 문맥을 잊지 말아야 합니다. 우리는 어떻게 살아야 할지 자세히 주의하여 살펴야 하고, 주의 뜻이 무엇인지 이해해야 합니다. 그것이 지혜 있는 자의 삶의 양식입니다. 그렇지 않으면 이 악한 세대에 같이 휘말려 세월을 낭비할 수밖에 없습니다.

성경이 말하는 낭비는 그냥 시간을 흘려보내는 것 이상의 개념입니다. 아무리 부지런히 산다고 할지라도 하나님의 뜻에 반하는 삶을 산다면 시간 낭비입니다. 불철주야 애쓰고 힘쓰며 인생을 경영할지라도 하나님의 뜻이 아닌 삶은 낭비일 뿐입니다. 하물며 세상의 유혹과 즐거움에 시간을 다 보내는 일은 말할 것도 없을 것입니다.

이것을 다른 표현으로 '술에 취해 있는 삶'이라고 할 수 있습니다. 이러한 삶을 성경은 '방탕한 것'이라고 표현합니다. 이 말도 아껴두는 것과 반대되는 의미입니다. 쓸모없이 낭비하는 것을 가리킵니다.

이것은 앞서 살펴본 지혜 없는 삶의 특징이기도 합니다. 반면에

이와 대비되는 것이 '성령 충만'입니다. 성령에 의해 충만함을 입는 것이 지혜 있는 삶을 이끈다는 것입니다. 세월을 아끼기 위해서, 이 악한 세상에서 하나님의 뜻을 분별하기 위해서 반드시 필요한 것이 성령의 지배를 받는 일입니다.

사실 18절은 우리나라 그리스도인들이 매우 곤란해하는 본문 중 하나입니다. 금주(禁酒)의 직접적인 근거가 되는 본문이기 때문입니다. 그래서 술은 취하지 않을 정도로만 마시면 된다고 성경을 거꾸로 이해하는 경우도 많습니다. 하지만 그리스도인들에게 술은 단순히 많이 마시면 안 되는 것에서 끝나는 문제가 아닙니다. 그렇게 단순하지 않습니다.

술에는 알코올 성분이 있어서 몸에 흘러 들어가면 중추신경에 가장 먼저 찾아갑니다. 중추신경은 우리 몸에서 균형을 잡아 주고 판단력을 통제하고 조절하는 역할을 합니다. 우리 몸의 컨트롤 타워에 해당한다고 할 수 있습니다.

그런데 이 알코올이 들어가서 중추신경을 제압(지배)합니다. 그러면 어떻게 될까요? 기분을 알딸딸하게 만들어 버립니다. 분별력을 잃도록 하는 것입니다. 그래서 어떤 의사는 술은 그저 화학 약품에다 조미료를 친 것에 불과하다고 말하기도 합니다.

많은 청년을 대하면서 가장 딱한 것이 대학교 1학년들입니다. 고3 때까지 대학 입시라는 거대한 틀 안에서 어쩔 수 없이 새벽 한

두 시까지 학원에서 고생고생을 합니다. 그러다 대학에 입학하면 청년들이 술독에 빠지는 것을 많이 목격했습니다. 마치 술을 먹기 위해서 대학에 들어간 것처럼 보일 지경입니다.

여러 나라를 다녀봤지만 우리나라만큼 대학가에 술집이 많은 나라를 보지 못했습니다. 우리나라 대학가는 어쩐지 유흥가가 되어버렸습니다. 물론 젊은이들이 모인 공간이다 보니 어느 정도는 이해가 됩니다. 하지만 변변한 책방 하나 없이 전부 술집과 클럽입니다. 그렇게 고등학교 3학년 때까지 신앙생활 잘하던 청년들이 대학교 1, 2학년 때 다 무너집니다.

여기에는 술에 대한 잘못된 가르침도 책임이 있습니다. 한국 교회는 금주를 가르칠 때 두 가지 측면에서 가르쳤습니다. 첫 번째는 하나님이 지으신 몸인데 건강에도 안 좋다는 건강의 차원에서 가르쳤고, 두 번째는 덕이 안 된다는 건덕의 차원에서 가르쳤습니다. 물론 그런 명분이 없잖아 있습니다. 그러나 건강과 건덕은 금주를 해야 하는 근본적인 이유가 아닙니다.

우리가 금주를 하는 것에는 조금 더 고차원적이고 근본적인 이유가 있다는 것을 본문이 보여줍니다. 술에 취해 정신 못 차리는 대신에 성령의 충만을 받으라고 말합니다.

우리가 왜 술을 금해야 합니까? 우리는 예수 그리스도의 피로 구속함을 입어서 하나님의 백성이 되었습니다. 우리 자체가 성령이 거하시는 성전입니다. 그래서 우리를 지배하고 주도하는 분은 술이 아닌 오직 성령이어야 합니다.

신앙고백은 우리가 이제 삼위 하나님의 통치권 아래 내 인생의 지배권을 그분께만 맡기겠다는 고백입니다. 그런 신앙고백적 차원에서 술 취하지 말라는 것입니다.

그래서 본문은 내 몸에 술을 가득 채울 것인지, 아니면 성령으로 충만케 될 것인지가 날카롭게 대비되고 있습니다. 이것은 건강이나 건덕의 문제가 아니라 고백의 문제입니다. 무엇으로 내 인생을 채울 것인가 하는 문제이며, 무엇의 지배를 받고 살아가겠는가 하는 문제입니다.

윤리와 도덕적 차원에서 금주를 하라는 것은 명분이 별로 없습니다. 하지만 내 인생 전체를 오직 삼위 하나님의 통치와 지배 아래만 두겠다는 고백의 차원에서 술을 먹지 말라는 것입니다.

다시 한번 말하지만 술 취하는 것은 방탕한 삶, 낭비하는 삶의 표본입니다. 이 방탕을 가장 잘 설명한 구약의 역사가 하나 있습니다. 출애굽 한 이스라엘 백성들이 원래 하나님께서 의도하신 코스대로 갔다면 가나안까지 열하루면 들어갈 수 있었습니다. 그런데 그들은 그 길을 40년 동안이나 돌아다녔습니다. 우리는 이것을 낭비라고 부릅니다.

왜 그런 낭비가 찾아왔을까요? 왜 세월을 허비하는 일이 있었을까요? 그것은 그들의 불순종 때문입니다. 이스라엘 백성들은 급할 때만 하나님을 불렀고, 단 한 번도 진심으로 하나님을 내 구주, 내 아버지, 내 하나님, 나의 주로 진실하게 고백했던 적이 없었습니다. 이를 통해 하나님을 아버지 삼지 않고 성령께 지배되지 않은 모든 시간은 낭비라는 것을 알 수 있습니다.

가장 재앙에 가까운 소리가 무엇인지 아십니까? 나이가 칠십에서 팔십이 다 되어서 자신이 인생을 헛살았다고 말하는 것입니다. 이것보다 끔찍한 이야기가 있을까요? 그래서 가장 무서운 죄가 세월을 낭비하는 것입니다.

이것이 바로 출애굽기 역사의 일면입니다. 그러한 낭비를 반복하지 말라는 것이 성경의 가르침이자 경고입니다. 때가 악합니다. 깨어 있어야 합니다. 무엇으로 주님을 기쁘시게 할지 분별해야 합니다. 이를 위해서는 정신을 차리고 성령님의 지배를 받아야 합니다. 세상의 유흥으로 자신을 채운다면 낭비하는 삶을 살 수밖에 없습니다. 그러나 성령의 충만을 입는다면 그 삶은 하나님 앞에 지혜 있는 삶이자, 세월을 아끼는 삶일 것입니다.

넓은 의미의 성령 충만에 대해 살펴보았습니다. 이제는 성령 충만의 삶이 구체적으로 어떻게 표현되는지에 대해 살펴보겠습니다.

[19]시와 찬송과 신령한 노래들로 서로 화답하며 너희의 마음으로 주께 노래하며 찬송하며 [20]범사에 우리 주 예수 그리스도의 이름으로

항상 아버지 하나님께 감사하며 ²¹그리스도를 경외함으로 피차 복

종하라 (엡 5:19-21)

이어지는 구절은 공동체의 예배에 대해서 말합니다. 성령 충만한 삶이 표현되는 첫 번째 현장은 바로 교회 공동체입니다.

사도행전 6장에 보면 초대 교회가 막 급성장하는 시기에 일꾼을 뽑습니다. 그때 일꾼을 선별하는 내적 기준은 '성령과 지혜가 충만한 사람'이었습니다. 이것은 성령과 지혜가 밀접한 관계가 있다는 것을 보여주면서, 동시에 성령 충만은 결국 교회 공동체를 위해 쓰임받기 위함이라는 것을 알려줍니다.

이것은 달리 말해 성령 충만은 관계적인 특징을 갖고 있다는 의미이기도 합니다. 우리는 성령 충만을 개인의 영적 경험에 한정지으려 할 때가 많습니다. 소위 바울처럼 삼층천에 올라가는 경험을 성령 충만으로 오해합니다.

그러나 성령 충만은 지극히 관계적이고 공동체적인 특징을 나타냅니다. 우선적으로 교회 공동체 회원들과의 관계 안에서 나타나야 하는 것이 성령 충만의 모습입니다. 성경은 이것을 성품으로 이야기합니다.

²²오직 성령의 열매는 사랑과 희락과 화평과 오래 참음과 자비와 양

선과 충성과 ²³온유와 절제니 이같은 것을 금지할 법이 없느니라

108   ─

갈라디아서는 성령의 열매를 언급하며 성품과 인격에 관해 소개하는 것을 볼 수 있습니다. 자비, 온유, 양선, 인내, 오래 참음 이것이 성령의 아홉 가지 열매의 주된 내용인데, 뜻밖에도 그 열매라고 말한 단어는 단수로 되어 있습니다. 열매의 속성은 복수인데, 왜 원문에서는 단수를 썼을까요? 그것은 앞서 말한 덕목들이 한 인격 안에 복합적이고 종합적으로 나타나기 때문입니다.

한번 생각해 볼까요? '이 사람 참 온유한데 착하진 않아'라고 말하거나, '저 사람은 참 온유한데 인내는 없어'라고 하는 것이 말이 되나요? 말이 안 되기 때문에 그렇게 말하지 않습니다.

그러니까 이 아홉 가지 열매는 그것이 한 인격 속에서 고르게 유기적으로 발현되어야 하는 공통점이 있습니다. 여기서 문제는 성품에 관한 것이 대인용으로 제시되어 있다는 것입니다. 즉, 이는 대인관계에서 성령 충만해야 한다는 말입니다.

성령 충만의 모습은 교회 공동체뿐만 아니라 우리 생활 영역 전반의 관계에서 나타날 수밖에 없습니다. 그중에서도 성령 충만한 삶이 표현되는 두 번째 순종의 현장은 바로 가정 공동체입니다.

²²아내들이여 자기 남편에게 복종하기를 주께 하듯 하라 ²³이는 남

편이 아내의 머리됨이 그리스도께서 교회의 머리 됨과 같음이니 그가 바로 몸의 구주시니라 ^{24}그러므로 교회가 그리스도에게 하듯 아내들도 범사에 자기 남편에게 복종할지니라 ^{25}남편들아 아내 사랑하기를 그리스도께서 교회를 사랑하시고 그 교회를 위하여 자신을 주심 같이 하라 (엡 5:22-25)

바울은 공동체에 관하여서 언급한 이후에 부부 관계로 나아갑니다. 아내들에게는 순종만 요구했지만 남편들에게는 전부를 주라고 요구합니다. 왜 그럴까요? 남편이 맡은 역할의 상징이 그리스도이시기 때문에 그렇습니다.

이 본문에서 이어서 무슨 관계가 등장하는가 하면, 바로 부모와 자식 간의 관계입니다. 부모는 자녀에게, 자녀는 부모에게 어떻게 해야 하는지를 가족 공동체로 소개하고 있습니다.

언젠가 〈안녕하세요〉▪라는 TV 프로그램을 본 적이 있습니다. 그 프로에는 쉽게 이해하기 어려운 사연들이 소개됩니다.

그런데 거기에 가장 많이 등장하는 주제가 아버지들의 폭언입니다. 옛날 우리 어머니 세대들의 정감 어린 욕이 아닙니다. 아이들이 듣는 앞에서 아내에게 폭언을 하고, 아이들에게 상스러운 욕을

▪
2010 ~2019년 KBS2 대국민 토크쇼

합니다.

특히나 부부간의 폭언은 그 내용들을 들어보면 아주 잔인합니다. '내가 너를 잘못 만나서 이렇게 됐다'는 식으로 이야기를 하는데 이처럼 비겁한 말이 어디에 있습니까? 그나마 폭언으로 그치면 다행입니다. 폭언에 그치지 않고 폭력을 행사하기도 합니다. 그러한 환경 속에서 아이들의 정서가 어떻게 성장하겠습니까?

폭력은 단 1회라도 용납하면 안 됩니다. 가장 악한 불신앙은 폭력을 쓰는 것입니다. 여자는 성경에서도 약한 그릇이라고 했는데, 왜 물리적인 폭력을 쓸까요? 폭력을 행사하면 절대 용납하지 말고 바로 신고해야 합니다. 그것을 내버려 두고 감내하는 것은 결코 사랑이 아닙니다. 그 모습을 눈물로 지켜보는 우리 아이들의 마음은 한없이 무너집니다. 그 아이들이 어떤 아이들로 자라겠습니까?

가정 안에서 성령 충만함이 안 되는 신앙인은 가짜입니다. 일단 가족 구성원 사이에서 언어가 고침 받아야 합니다. 예수님을 믿는 사람들 가운데 폭언을 하고 상스러운 욕을 하고 비열한 짓을 하는 경우는 그리스도인이라 할 수 없습니다.

성령 충만은 마치 병뚜껑을 열면 탄산수가 확 뿜어 올라오는 것처럼 무언가가 저절로 뿜어지는 그런 것이 아닙니다. 성령님께서 분명 그런 역사도 하시겠지만, 오히려 일반적으로 우리가 경험하는 성령 충만의 역사는 우리로 하여금 애쓰고 힘써서 그분께 순종하도록 하는데 그 진의가 담겨 있습니다.

주님께서는 무한히 우리를 향해 속아 주시고 참아 주시고 인내해 주셔서 우리의 죄를 짊어지시고 십자가에 죽으셨는데, 어떻게 우리가 그 은혜를 입고 그런 행동을 할 수가 있겠습니까? 그것은 인간의 윤리 속에서도 안 되는 것이지만, 특별히 그리스도의 보배로운 피로 구속함을 입은 백성들에게는 더더욱 일어나서는 안 되는 삶의 모습입니다.

성령 충만한 삶이 표현되는 세 번째 순종의 현장은 바로 일터입니다. 교회 공동체-가정-직장의 순으로 성령 충만의 영역들이, 그리스도인의 삶의 현장이 다루어지고 있습니다.

> ^{5}종들아 두려워하고 떨며 성실한 마음으로 육체의 상전에게 순종하기를 그리스도께 하듯 하라 ^{6}눈가림만 하여 사람을 기쁘게 하는 자처럼 하지 말고 그리스도의 종들처럼 마음으로 하나님의 뜻을 행하고 ^{7}기쁜 마음으로 섬기기를 주께 하듯 하고 사람들에게 하듯 하지 말라 (엡 6:5-7)

직장에서도 얼마나 무도하고 말도 안 되는 일들이 많이 일어납니까? 위선, 거짓, 따돌림, 음모, 뒤집어씌움, 이런 것들로 가슴앓이하고 속상해하는 분이 많습니다.

때가 악한 가운데 우리가 그 한복판에 성령 충만한 그리스도의 제자로 던져졌을 때, 우리는 어떻게 해야 할까요? 분명한 것은 누군가가 그 물줄기를 막고 바꿔야 합니다. 우리는 그것을 해야 합니다.

오래전에 집회를 갔을 때의 일입니다. 일반 숙소가 아닌 교회 성도님의 집에 머물게 되었습니다. 함께 저녁을 먹으며 그분이 수십 년간 미국에서 살았던 에피소드를 이야기하는데 참 감동적인 간증 하나를 들었습니다.

당시에도 장로였던 그분은 유리 판매점 직원이었습니다. 유리가 깨끗해야 상품의 가치가 돋보이니 매일 아침 출근하면 유리를 깨끗이 닦았습니다. 거의 하루 종일 유리를 닦았다고 합니다. 그런데 이분이 워낙 부지런해서 시간이 남으면 옆 가게 유리까지 닦아줬습니다.

미국 사회는 시간은 곧 돈인 임금 구조를 가지고 있습니다. 백인, 멕시칸, 흑인 할 것 없이 모두가 조그마한 동양인이 하는 행동을 보고, 쉬는 시간에 그냥 쉬지 돈을 주는 것도 아닌데 왜 남의 가게 유리까지 닦아 주냐고 미친 것 아니냐고 놀려댔습니다. 하지만 장로님은 아랑곳하지 않았습니다. 시간이 남아서 노느니 이웃 유리 가게들이 다 깨끗하면 좋다고 생각해 기쁜 마음으로 옆 가게의 유리까지 다 닦아 주었던 것입니다.

근무하던 유리 가게의 주인은 이 상황을 오랫동안 지켜봤습니다. 어느 날 주인이 그 장로님을 불러 일하는 모습을 계속 지켜봤는데, 자기 밑에 두기에는 너무 아깝다며 새 지점을 하나 내려고 하니 이 가게는 네가 갖는 것이 어떻겠냐고 제안을 합니다. 가게를 맡기는 정도가 아니라 그냥 주겠다고 말한 것이었습니다. 워낙 성실한 자세로 운영을 하다 보니 사업장은 잘 되었고, 어마어마한 갑부가 되었습니다.

결과를 이야기하고자 하는 것이 아닙니다. 그 장로님은 사업장에서 누구에게 하듯 했을까요? 아마도 주께 하듯 했을 것입니다. 그분은 그 외로운 타지에서 오직 주님만 바라보며 총각 시절부터 그렇게 근면하고 성실하게 일을 했습니다. 누가 돈 주는 것도 아닌데 옆의 가게 유리까지 다 닦고 돌아다녔습니다. 그런데 주인이 그걸 유심히 오랫동안 지켜봤고, 그래서 새 지점을 낼 때 원래의 가게를 그 장로님한테 떼어 준 것입니다. 이것이 바로 우리가 일터에서 주께 하듯 하는 모습의 한 모델일 것입니다.

월급을 위해서 사는 사람이 있고, 그 현장을 주님의 선교지로 여기는 사람이 있습니다. 하나님의 나라와 통치가 임하게 하는 차원에서 자신의 현장을 사는 사람이 따로 있는 것입니다. 그것은 꼭 세상의 일터에서만 일어나는 일은 아닙니다. 앞서 말씀드렸듯이 가정에서 일어나며, 우리의 교회 공동체 속에서도 일어나는 일입니다.

성령 충만은 그렇게 힘쓰고 애써서 순종하며 나아가는 모습을 말합니다. 소위 어떤 은사주의자들이 하는 것처럼 능력이 나타나는 그런 성령 충만을 이야기하는 것이 아닙니다. 복종하고 순종하기로 작정하는 모습을 말하는 것입니다.

이것은 어떻게 보면 악한 세월 속에서 보내야 하는 처절한 싸움입니다. 우리 안의 뿌리 깊은 죄성과의 싸움이기도 합니다. 성령 충만은 한순간에 이뤄지는 일이 아닙니다. 오히려 성령님과의 깊은 동행입니다. 그 안에서 주님의 뜻을 분별하면서 한 걸음 한 걸음 걸어 나가는 것입니다.

성찬

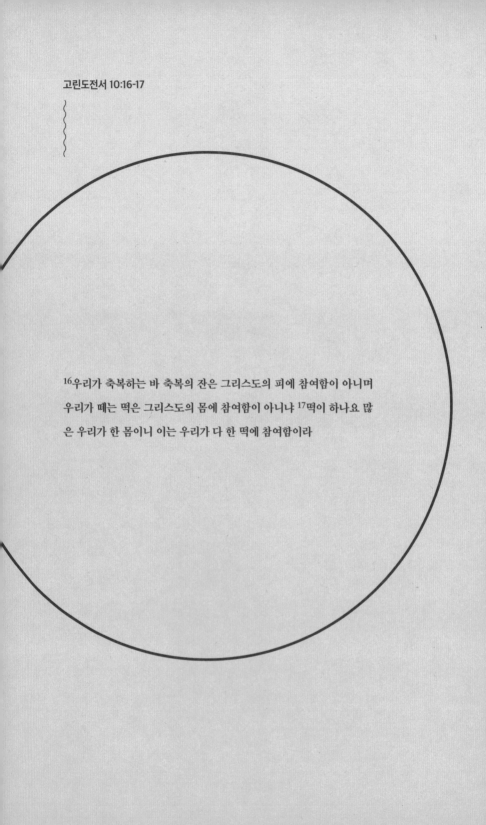

16우리가 축복하는 바 축복의 잔은 그리스도의 피에 참여함이 아니며
우리가 떼는 떡은 그리스도의 몸에 참여함이 아니냐 17떡이 하나요 많
은 우리가 한 몸이니 이는 우리가 다 한 떡에 참여함이라

하나님께서 교회 공동체에게 은혜를 주시는 특별한 세 가지 방편 또는 수단이 있습니다. 그 하나는 말씀입니다. 하나님은 계시된 성경 말씀을 통해서, 그리고 그 말씀의 선포를 통해서 우리에게 은혜를 주십니다.

또 다른 은혜의 수단은 기도입니다. 과거에는 제사장을 통해서만 하나님께 나아갈 수 있었습니다. 그런데 예수 그리스도께서 십자가 위에 대속의 죽음을 이루시던 순간에 지성소와 성소를 가로막고 있던 휘장이 위에서부터 아래로 찢어졌습니다. 그 결과 우리는 예수 그리스도의 이름으로 경이로운 은혜를 누리며 하나님께 나아가는 은혜를 누릴 수 있게 되었습니다.

마지막 은혜의 수단은 성례 곧 거룩한 예식으로 그리스도께서 제정하신 세례와 성찬입니다. 세례는 우리 일생에서 한 번이지만, 특별히 성찬은 주님께서 다시 오실 때까지 계속해서 이루어지는 예식입니다.

현대 개신교회에서는 성찬의 중요성이 생각보다 잘 강조되지 않는 면이 있습니다. 여기에는 예전(禮典)에 대해 가벼이 여기는 문화가 일조한 것으로 보입니다. 실제로 교회에서 성찬은 1년에 한두 번 정도, 마치 이벤트처럼 거행되고 마는 형편입니다. 이마저도 의미 있게 행해지기보다는 형식적으로 넘어갈 때가 많은 것을 봅니다.

사실 초대교회에서 성찬은 매 예배에 있어서 무척 중요한 순서였습니다. 사도행전을 보더라도 제자들은 모여서 예배하고 항상 떡을 떼었던 것을 봅니다. 물론 그때의 성찬은 오늘날처럼 예식화 된 모습보다는 훨씬 자연스럽게 이루어졌을 것입니다. 그러나 예수님의 살과 피를 나눈다는 정체성만은 분명하고 확고하게 확립되어 있었습니다.

고린도전서 10장과 11장은 성찬에 대해서 다루고 있는 몇 안 되는 본문 중 하나입니다. 11장을 보겠습니다.

> 23내가 너희에게 전한 것은 주께 받은 것이니 곧 주 예수께서 잡히시던 밤에 떡을 가지사 (고전 11:23)

본문에서 바울은 성찬의 기원에 대해서 말합니다. 즉 성찬은 바울이 스스로 고안해서 가르친 것이 아니라, 예수님께 받은 것이라고 말합니다. 성찬식은 주님께서 제정하셨다는 말입니다. 로마 가톨릭이 성사(성례)를 7가지로 정한 것과 달리 개신교회들이 성례를 세례와 성찬으로 한정하는 이유가 여기 있습니다.

예수님은 교회 공동체가 지켜야 할 다른 예식들에 대해서는 별달리 말씀하신 것이 없습니다. 그러나 세례와 성찬만큼은 직접 제자들에게 명하시고 가르치셨습니다. 사도 바울은 여기서 다시 한번 그 사실을 확인하고 있습니다.

성찬은 사복음서에 다 기록이 되어 있습니다. 성경을 좀 많이 읽은 사람이라면 이 내용을 보고 의아해할 수도 있을 것입니다. 분명히 요한복음에는 소위 최후의 만찬이라고 불리는 성찬에 관한 내용이 없기 때문입니다. 그러나 요한복음에는 성찬식 자체에 대한 기록은 없지만 놀랍게도 가장 경이로운 성찬 퍼포먼스가 기록되어 있습니다.

요한복음 6장의 오병이어 사건입니다. 해가 저물어 가는 빈들에 수만 명의 백성들이 허기진 채 앉아 있습니다. 그때 예수님께서 한 아이의 도시락을 통해 오병이어의 기적을 베푸는 장면이 기록되어 있습니다. 이것은 빈들에서 베풀어진 위대한 성찬입니다.

예수님께서는 떡을 떼시면서 그 떡을 비유하여 이 떡은 내 살이라고 말씀하셨습니다. 그리고 나서 예수님 자신이 하늘에서 내려온 참 떡이라고 스스로를 가리키셨습니다. 이것이야말로 성찬이 무엇인지 그 본질을 가장 잘 드러내는 가르침이라 할 수 있습니다.

그런 의미에서 성찬이 얼마나 중요했던지 예수님께서 직접 제정하셨을 뿐만 아니라, 사복음서에 서로 다른 모양으로 기록이 되어 있습니다.

이제 본문으로 돌아와 고린도전서 10장 16절을 보겠습니다.

[16]우리가 축복하는 바 축복의 잔은 그리스도의 피에 참여함이 아니

며 우리가 떼는 떡은 그리스도의 몸에 참여함이 아니냐 (고전 10:16)

바울은 성찬의 의미를 다시 한번 잘 드러내어 설명합니다. 성찬은 잔과 떡을 통해서 그리스도의 피와 몸에 참여하는 것입니다. 참여한다는 것은 코이노니아를 말합니다. 즉 성찬을 통해서 우리는 그리스도의 살과 피를 나누면서 그분과 교제하는 것입니다. 우리가 그리스도와 한 몸이라는 것을 확인하고 그 은혜를 누리는 시간이라는 의미입니다.

특별히 여기서는 잔을 나누는 것을 '축복의 잔'이라고 설명했습니다. 이 말이 어떤 뜻인지 정확히 이해하기 위해서는 유월절 예식에 대해 알아야 합니다.

성찬의 원형은 바로 유월절입니다. 이스라엘 백성이라면 누구나 1년 중 유월절을 가장 큰 명절로 지킵니다. 유월절을 지키는 가운데 네 개의 포도주 잔을 받도록 되어 있습니다. 첫째 잔은 전식이라 하고, 두 번째 잔은 후식이라고 합니다. 세 번째 잔은 마짜라는 넓은 빈대떡 같이 생긴 것에다 쓴 나물을 넣고 어린 양고기와 함께 먹습니다. 이 세 번째 잔이 본문의 축복의 잔입니다. 어린양과 함께 먹는 잔이니 그리스도의 피에 참여한다는 뜻이 포함되어 있습니다.

주로 이 잔이 나누어진 다음에 감사나 축복의 말이 건네집니다. 이 구절과 이어진 고린도전서 10장 21절에서 '주의 잔'과 '귀신의 잔'을 구분하여 말하고 있는데, 주의 잔은 곧 축복의 잔과 다를 바가 없습니다. 즉 바울은 주님께서 이 잔을 복되게 하셔서 성도들에게 주셨다는 것을 강조하고 있습니다.

> [17]떡이 하나요 많은 우리가 한 몸이니 이는 우리가 다 한 떡에 참여함이라 (고전 10:17)

바울은 그리스도의 몸과 피에 참여하는 성찬을 가르치면서 특별히 떡이 '하나'라는 것을 강조합니다. 요한복음 6장에 보니 이 떡은 예수 그리스도를 가리킵니다. 그러니까 메시아는 당연히 한 분입니다. 우리나라만 해도 메시아라고 하는 사람이 몇 십 명에 이른다고 하는데 다 가짜일 수밖에 없습니다. 떡이 하나라는 말은 곧 그리스도는 유일하신다는 말과 다름이 없기 때문입니다.

그런데 바울이 강조하고자 하는 바는 우리가 '한 몸'이라는데 있습니다. 우리가 한 몸이라고 부를 수 있는 이유는 '한 떡'으로 교제하고 있기 때문입니다. 그러므로 오직 그리스도만이 우리가 하나 되었다는 것의 중요한 기초입니다. 그리스도 없이 하나가 되는 것은 그냥 대동단결하여 힘을 갖자는 일 외에는 아무 의미가 없습니다.

사도 바울은 왜 이토록 고린도 교회 성도들에게 한 떡, 한 몸, 하나를 거듭 강조해야만 했을까요? 당시 고린도 교회는 심각한 내분에 휩싸여 있었습니다. 무언가 하나가 될 수 없는, 하나가 되지 못하는 미성숙함이 고린도 교회에 던져져 있는 것입니다. 그것이 무엇인지 11장에서 확인할 수 있습니다.

> [17]내가 명하는 이 일에 너희를 칭찬하지 아니하나니 이는 너희 모임
> 이 유익이 못되고 도리어 해로움이라 (고전 11:17)

이것은 바울이 고린도 교회의 모임을 두고 하는 이야기입니다. 특별히 성찬이 이루어지는 현장에 대해 꾸짖고 있습니다. 성찬이 그들에게 유익하지 못할 뿐만 아니라 도리어 해로움이 되었다는 것입니다. 하나 되지 못하는 근거로 성찬식을 꺼내 들었습니다. 도대체 왜 그리스도의 한 몸에 참여하여 하나 됨을 확인하는 성찬이 해로움이 되었다는 것일까요? 선뜻 이해하기 어렵습니다.

> [18]먼저 너희가 교회에 모일 때에 너희 중에 분쟁이 있다 함을 듣고
> 어느 정도 믿거니와 (고전 11:18)

이 말은 내가 그럴 줄 알았다는 말입니다. 바울은 고린도 교회 소식을 들었습니다. 당시 고린도 교회는 다양한 문제로 내부가 시끄러웠습니다. 교회 내에 분쟁이 있었고, 파당으로 갈라져 서로 비난하고 판단하며 나뉘어져 있었습니다. 그런데 그 문제의 근본적인 동기에 성찬식이 중요한 역할을 했다고 말합니다. 무슨 말인지 더더욱 알 수가 없습니다. 성찬식을 하다가 도대체 무슨 일이 있었던

것일까요?

이것을 이해하려면 1세기 성찬식에 대한 이해가 필요합니다. 당시에는 성도들이 예배를 위해 모일 때마다 함께 식사를 했습니다. 단순한 허기진 배를 채우거나 교제를 하는 차원이 아니라 그 모임 자체가 성찬이었습니다.

우리처럼 1년에 한두 번 성찬을 하는 것이 아니라 매 주일 모일 때마다 했습니다. 그 말은 곧 매 주일마다 함께 식사했다는 말입니다. 유대인들에게 한 식탁에서 음식을 같이 한다는 것은 한 가족이 된다는 뜻입니다.

시편 23편 다윗의 시를 보면 원수의 목전에서 우리에게 상을 베풀었다고 기록되어 있습니다. 이것은 밥상을 이야기하는 것입니다. 이것은 하나님께서 우리를 하나님의 자녀로, 가족으로 초대해 주셨다는 의미입니다. 그만큼 유대인들에게 식탁을 같이 한다는 것은 한통속이 되고 한 본질이 된다는 중요한 이야기인 것입니다.

바리새인들과 율법사들이 예수님을 그렇게 극렬하게 혐오했던 것도 예수님께서 죄인들과 함께 식사를 같이했기 때문입니다. 예수님은 기꺼이 그런 사람들과 한 가족이 되어 주셨고 한 편이 되어 주셨습니다. 이 식사 공동체는 굉장히 중요합니다.

그렇다면 주로 어느 공간에서 모였을까요? 아마도 가난한 자들의 좁은 집보다는 성찬에 참여하러 온 사람들이 넉넉히 들어갈 수 있는 넓은 집에서 모였을 것입니다. 마가의 집 같은 경우를 생각해 보아도 다락방에만 120여 명이 충분히 들어가 앉을 수 있을 정도로 꽤 큰집이었습니다. 이처럼 고린도 교회 안에서도 아마 경제적 수준이 높아서 많은 사람이 모일 수 있는 집 중심으로 교회를 이루어 예배와 모임을 가졌을 것이라 추측할 수 있습니다.

모일 때마다 식사를 해야 하는데, 음식 분배는 어떻게 했을까요? 매번 그 주인집에서 음식 준비를 했을까요? 아마도 그것은 무리였을 것입니다. 해서 분배를 했습니다.

교회 구성원들 가운데 주로 시간적 여유가 있고 잘사는 사람들이 음식을 나누었습니다. 누구는 잡채를 해 오고, 누구는 사라다를 해 오는 식이었습니다. 하루 벌어서 하루 먹고 살아야 하는 사람들은 시간도 없고 무언가를 준비할 수 있는 여지도 없었기 때문에 그냥 참석해서 준비된 음식을 나누어 먹었을 것입니다.

당시 집 구조는 경제력과 상관없이 모두 안채와 바깥채, 이렇게 두 부분으로 나뉘어 있었습니다.

여유가 있어서 음식을 가져온 사람들은 미리 도착해서 음식을 진열하고 집 안쪽에서 기다렸습니다. 반면 집에서 허드렛일을 하고, 종일 품팔이를 해야 하는 노동자들과 노예들은 모든 일을 마치고 허겁지겁 겨우 시간에 맞춰 도착했습니다. 이미 안채에는 자리가 없었을 테니 자연스럽게 바깥뜰이나 바깥채에 앉아야만 했을 것

126

입니다.

분위기가 어땠을까요? 누군가 의도하진 않았지만, 경제력이 있는 사람들은 안쪽에 앉았고, 경제적으로 가난한 사람들은 할 수 없이 바깥쪽에 앉게 되면서 자연스럽게 구분이 되고 미묘했으리라 짐작됩니다.

거기까지는 괜찮았습니다. 이제 식사가 시작됩니다. 바깥에 앉은 가난한 사람들이 시장한 배를 채우려고 기다리는데, 아무리 기다려도 음식이 바깥쪽까지 나오지 않습니다. 어떻게 된 일인가 하고 고개를 빼서 안을 들여다보니, 저 안에서는 이미 음식을 다 먹고 끝나버린 상황입니다.

왜 그렇습니까? 준비해 온 음식을 공평하게 나누어서 분배해야 하지만 앞서 온 사람들이 먼저 다 먹어 버렸습니다. 뒤에 온 사람들의 몫을 남기지 않았던 것입니다. 먹는 것이 참 별것 아닌 것 같지만 그 사소한 것 때문에 마음이 상할 때가 많습니다.

잊을 수 없는 성찬식의 경험이 있습니다. 젊은 시절에 대천해수욕장에서 앞을 보지 못하는 청년들 30여 명을 데리고 캠프를 한 적이 있습니다. 밤에 대천해수욕장 해변에서 모닥불을 피워놓고 둘러앉아 성찬식을 했습니다. 당시 성찬식을 집례 했던 분은 스코틀랜드 목사님이었습니다. 그분은 전통 복장을 차려입고 나와서 성찬식을 하셨는데 그런 성찬식을 평생 처음 해 봤습니다.

성찬식에 사용된 빵은 나누어 잘린 빵이 아니라, 그냥 큰 덩어리 빵이었습니다. 그 빵을 돌리면서 마지막 사람까지 먹을 수 있도록 했습니다. 앞에 있는 사람은 마지막 사람까지 배려하여 심리적으로 적당히 떼어먹어야 했습니다.

그런데 만약 앞에 있는 사람이 배고프다고 반을 뚝 잘라서 자기가 반을 먹고, 나머지 반만 남은 사람들에게 건네준다고 해 봅시다. 겨우 반절 남은 빵을 모든 사람이 먹어야 한다면 어떤 일이 벌어지겠습니까?

아마도 이런 일이 벌어질 것입니다. 20절을 살펴보겠습니다.

[20]그런즉 너희가 함께 모여서 주의 만찬을 먹을 수 없으니 [21]이는 먹을 때에 각각 자기의 만찬을 먼저 갖다 먹으므로 어떤 사람은 시장하고 어떤 사람은 취함이라 (고전 11:20-21)

지금 무슨 말씀을 하고 있습니까? 어떤 사람은 배불러 죽고 어떤 사람은 배고파 죽는다는 그 말을 하고 있습니다.

성찬은 그리스도의 몸과 그분께서 우리를 위해 돌아가심과 그분과 우리의 하나 됨을 기억하고 맛보아 누리는 예식입니다. 어쩌다 보니 성찬을 하던 중에 분위기가 나뉜 것도 난감한데, 가난한 사람들은 음식까지도 먹지 못하게 되는 상황이 되어버렸습니다.

본문은 이런 일이 일어난 것에 대해 질타하고 있습니다. 성찬을 하는데 교회에서 서로 날이 세워지고 파당이 생기고 비판이 가해지고 분쟁이 일어난 것입니다.

교회의 분쟁은 대부분 사소한 것에서부터 시작됩니다. 그런데 이 문제는 엄밀한 의미에서 사소한 문제가 아닙니다. 성찬에 관한 문제입니다. 그래서 성경 기자가 바울을 통해 이렇게 기록을 했습니다.

[33]그런즉 내 형제들아 먹으러 모일 때에 서로 기다리라 (고전 11:33)

어떻게 하라고 말합니까? 서로 기다리라고 말합니다. 여기에는 복음의 본질적 메시지가 감추어져 있습니다. 가진 자, 기득권자, 넉넉한 자가 빈궁한 자, 약한 자에 대하여 항상 배려의 마음을 가지고 있으라는 뜻입니다. 그것이 성찬 속에 담긴 복음의 본질입니다.

예수님은 하나님의 본체이시나, 그 고귀하신 분이 죄인의 몸을 입으시고 우리와 하나가 되셨습니다. 그 놀라운 복음의 비밀을 확인하고 만지는 것이 성찬입니다.

그런데 그렇게 고귀한 일을 하다가 서로 잘났다고 분쟁이 일어나고 파당이 벌어졌습니다. 그래서 바울은 고린도 교회 성도들에게 서로 기다리라고 말하는 것입니다. 그것은 마지막 약한 자, 상대적으로 소외된 자를 배려하라는 말입니다.

오래전에 고등부를 담당하는 어느 목사님이 여름에 학생들을 위해 어떤 프로젝트를 준비한 적이 있습니다. 내용을 보니 너무 좋았습니다. 고등학생들을 미국으로 데리고 가서 대학도 돌아보고 청교도 현장도 확인하면서 아이들의 시야를 넓혀 주려는 계획을 하고 있었습니다.

처음에는 그 프로젝트에 찬성하는 입장이었습니다. 그런데 그 밑에 쓰인 비용을 보니 2백만 원이 넘어가는 것을 보고 바로 반려시켰습니다. 그랬더니 교역자들이 좀 의아해했습니다. 평소 교육에 대해서 열려 있고 이런 문제에 대해서 늘 흔쾌히 오케이를 하던 사람이 반려를 했으니 왜 반대하는지 궁금해했습니다. 단순히 비용이 너무 비싸서 그런 것인지 별의별 추측들을 다 하고 있었습니다.

교역자 회의 시간에 이런 말씀을 드렸습니다. 프로젝트의 계획은 너무 좋다. 보낼 형편이 되고 갈 형편이 되는 아이들은 너무 좋을 것 같다. 그런데 세상이라면 그게 가능할 수 있지만 교회 공동체라면 보낼 수 없고 갈 수 없어서 상대적으로 못 가는 아이들의 심정을 헤아려야 한다. 그 아이들은 어떤 마음이 들겠는가? 그래서 이 계획은 좋지만, 아닌 것 같다는 생각에 반려시켰다고 말입니다. 나중에서야 교역자들이 제가 말한 그 의미를 이해했습니다.

예를 들면 이런 이야기입니다. 교회에 부임하고 가장 마음에 걸렸던 부분이 장애가 있는 분들이 힘들게 예배를 드리는 문제였습니다. 휠체어를 탄 채 보이지도 않는 곳에서 불편하게 예배를 드리는 모습이 무척 마음이 쓰였습니다. 장로님들과 논의 끝에 앞자리 의자를 걷어 내기로 했습니다.

그런데 누군가 "사람 앉을 자리도 없는데…"라는 이야기를 했습니다. 평소라면 무심하게 한 이야기였을 거라 여기고 아무 의미를 두지 않았을 수도 있겠지만 그때는 그 말을 듣고 너무 놀랐습니다. 저는 '사람' 앉을 자리를 마련한 것입니다. 무심코 던진 말에는 어느새 우리도 인지하지 못하는 무의식 속에 그런 생각들이 들어와 있다는 것을 보여주는 것 같습니다.

교회 공동체는 세상의 가치관과 달라야 합니다. 선진국의 기준이 무엇입니까? GNP가 3만 달러가 되면 그것이 선진국의 기준일까요? 그건 소위 졸부나 하는 생각들입니다. 선진국의 기준은 사회에서 배려받아야 할 사람이 존엄한 하나님의 형상대로 지음 받은 인간으로서 대우받는 사회, 함께할 수 있는 사회가 선진국입니다.

그런데 본문에서는 그리스도의 몸과 흘리신 피를 기념하는 성찬을 나누다가 교회 안에서 파당이 생기고 분쟁이 생겨버린 것입니다. '기다리라, 기다리라, 마지막 약한 자가 함께 참여할 때까지 기다리라' 이것이 바로 바울이 성찬을 통해 우리에게 말하고 싶은 핵심입니다.

성찬은 의외로 나 한 사람의 개인 구원 차원을 넘어서 관계로 확대되어야 하고, 공동체로 확대되어야 하며, 내 삶의 현장에까지 확대되어야 하는 문제라는 것입니다.

미국의 어느 교회는 담임목사님이 선한 의도와 동기를 가지고 아침에 일찍 오는 성도들을 위해서 토스트를 구워 놓고 커피와 음식 몇 가지를 더해서 성심껏 아침 준비를 했습니다.

그런데 의도하지 않았던 이상한 현상이 발생했습니다. 한 끼 식사가 아쉬운 형편의 성도들이 부지런히 채비하고 교회에 나와 그 아침을 먹기 시작한 것입니다. 그 광경을 마땅치 않게 여겼던 경제적으로 여유로운 분들끼리 그 시간에 나가지 말자고 이야기를 한 것입니다.

그래서 오전에는 주로 형편이 어려운 사람들이 오고, 오후에는 형편이 넉넉한 사람들만 모이기 시작했습니다. 그 조그마한 교회에서 말입니다. 나중에서야 이 사실을 알게 된 담임 목사님은 깜짝 놀라서 결국 그 아침 식사를 없애버렸다고 합니다.

[19]너희 중에 파당이 있어야 너희 중에 옳다 인정함을 받은 자들이 나타나게 되리라 (고전 11:19)

교회가 조심하지 않으면 서로 자기 의를 드러내다가 이런 계급을 형성하게 되고, 의도하지 않았는데도 이런 차별이 발생하게 됩니다.

사실은 이것이 더 위험합니다. 교회 안에 자꾸 파당이 생기고 분열이 일어나는 근저에는 옳음을 주장하기 위한 것보다는 사실 더 무서운 동기가 숨어있습니다. 바로 자기의 의로움을 드러내기 위한 것입니다. 바울은 그것을 비꼬고 있습니다.

문제는 이것이 다른 것도 아닌 성찬을 하다가 일어난 일들이라는 점입니다. 이게 얼마나 아이러니한 문제입니까? 사랑하라고 준 복음을 가지고 서로 상처를 주고 맙니다.

이것이 인간의 뿌리 깊은 죄성이요 연약함입니다. 우리가 정신 차리고 복음에 합당하게 살아내려 하지 않으면 발생할 수밖에 없는 문제입니다. 그리스도의 몸을 이루고 있다고 말하지만 정작 그리스도의 몸을 동강 내는 교회가 될 수 있습니다. 이 얼마나 무서운 일입니까?

²⁹주의 몸을 분별하지 못하고 먹고 마시는 자는 자기의 죄를 먹고 마시는 것이니라 (고전 11:29)

그리스도의 몸은 우리를 하나 되게 하신 몸입니다. 그것을 인식하지 못하고 먹고 마시는 자는 자기의 죄를 먹고 마시는 것일 뿐입니다. 성찬을 얼마나 자주 하느냐보다 더 중요한 문제가 여기 있습니다.

우리는 주님의 몸이 왜 찢겨야 했는지를 기억해야 합니다. 그것은 우리의 뿌리 깊은 이기심과 자기중심성 때문이었습니다. 하나님도 몰라보고 사람 앞에 안하무인이었던 우리의 죄를 용서하시고 새로운 몸에 참여하게 하시기 위함이었습니다.

그러므로 우리는 복음의 시선을 한순간도 놓쳐서는 안 됩니다. 복음에 따라 생각하고 행동하지 않을 때 우리가 하는 모든 종교적인 행위들도 사실상 자신의 죄를 더 강화할 뿐입니다.

주님의 몸과 피에 참여하는 자는 항상 자신을 살펴야 합니다. 자신이 그리스도 안에서 어떤 긍휼과 자비를 입었는지를 기억해야 합니다.

성찬의 메시지는 단지 교회 공동체 안에만 머물러 있어서는 안 됩니다. 교회에서뿐만 아니라 우리의 삶의 자리에서 성찬의 메시지가 되새겨져야 합니다. 성찬을 먹고 마시는 자답게 사는 것이야말로 성찬을 통해 그리스도께서 우리에게 주시는 은혜의 이유입니다.

지난 인도 선교지 방문 속에서 충격을 받았던 일이 있습니다. 다름 아닌 안 선교사님의 식사 기도 때문이었습니다. 선교사님은 식사 기도를 아주 길게 하십니다. 왜 그렇게 기도를 길게 하는지 물었더니 하루 밥 세 끼가 자신의 성찬이라고 말했습니다.

저도 하루 두세 끼는 먹지만 이 밥을 성찬으로 이해하고 먹었던 적은 없습니다. 기도도 배고프면 그냥 1, 2초 안에 "감사합니다. 주님" 하고 바로 눈을 떠서 밥을 먹습니다. 특별히 그 시간을 그리스도께서 주시는 양식으로 대했던 적은 없었습니다.

그 말을 듣고 너무 상식적인 이야기지만 충격을 받는 동시에 감동을 받았습니다. 그리고 그 순간부터 그곳을 다녀온 지 한 두 달이 넘은 시점까지 밥을 대할 때마다 이 밥은 나를 위해 양식이 되어 주신 예수님의 몸, 나를 위해 흘려 주신 예수님의 피라는 마음으로 식사를 했습니다.

양식의 정의가 무엇일까요? 먹어서 힘이 되는 것이 바로 양식입니다. 어떤 사람은 밥을 안 먹도 배부르다고 말합니다. 뭐 때문에 그러는가 봤더니 골프 때문이라고 합니다. 그렇다면 그 사람의 양식은 골프입니다.

자신에게 힘과 활력을 주는 것이 그 사람의 양식입니다. 그러므로 우리는 항상 예수 그리스도를 우리의 양식 삼아야 합니다. 복음의 능력이 우리의 양식이 되어야 합니다.

일상에서 식사를 할 때도 그것을 그리스도께서 주시는 양식으로 대하면 좋겠습니다. 내가 어떤 것을 위해서 이 음식을 먹고, 무엇을 위해 이 음식으로 힘을 삼아야 되겠는가? 오직 그리스도의 영광 때문입니다. 일상으로 나아가서 내가 과연 세상에서 사는 힘은 무엇인지, 나는 예수님을 양식으로 삼고 있는지를 고민해야 합니다.

참된 양식과 참된 음료를 먹고 살아가는 자는 세상과 다른 삶을 살 수밖에 없습니다. 세상과 다른 태도로 사람들을 대할 수밖에 없습니다. 높아진 마음을 낮추고, 나보다 남을 낮게 여기며 살 수밖에 없습니다.

이것은 가장 먼저 교회 공동체에서 나타나야 할 우리의 삶의 태도입니다. 그리고 이러한 태도와 자세는 우리의 일상에서 만나는 이웃들에게까지 흘러가야 합니다. 그것이 예수님을 먹고 사는 사람의 특징입니다.

사랑

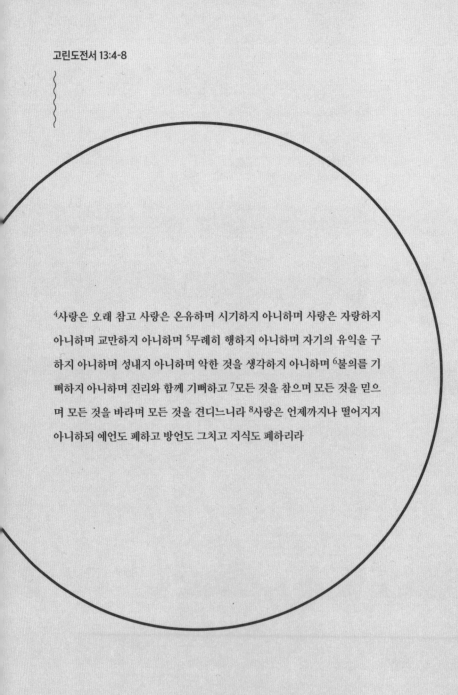

⁴사랑은 오래 참고 사랑은 온유하며 시기하지 아니하며 사랑은 자랑하지 아니하며 교만하지 아니하며 ⁵무례히 행하지 아니하며 자기의 유익을 구하지 아니하며 성내지 아니하며 악한 것을 생각하지 아니하며 ⁶불의를 기뻐하지 아니하며 진리와 함께 기뻐하고 ⁷모든 것을 참으며 모든 것을 믿으며 모든 것을 바라며 모든 것을 견디느니라 ⁸사랑은 언제까지나 떨어지지 아니하되 예언도 폐하고 방언도 그치고 지식도 폐하리라

기독교는 사랑의 종교라는 말을 많이 합니다. 교회만큼 사랑이라는 표현을 많이 사용하는 곳도 없습니다. 특별히 예수님께서 그의 제자들에게 주신 사랑에 대한 가르침은 성도들뿐만 아니라 일반인들에게도 널리 알려져 있습니다.

> [34]새 계명을 너희에게 주노니 서로 사랑하라 내가 너희를 사랑한 것 같이 너희도 서로 사랑하라 (요 13:34)

> [44]나는 너희에게 이르노니 너희 원수를 사랑하며 너희를 박해하는 자를 위하여 기도하라 (마 5:44)

이 두 가지 가르침에서 예수님은 사랑의 대상에 대해 구분하고 계십니다. 하나는 교회라고 부르는 성도 간의 사랑이고, 다른 하나는 이웃에 대한 사랑입니다. 물론 사랑이라는 측면에서 이 둘은 본질적으로 같습니다.

그러나 사랑의 대상에 대한 차이는 그 실천에 있어서 강조점의 차이를 만들어 냅니다. 해서 이번 장에서 사랑에 대해 두 가지 측면으로 나누어 생각해 보고자 합니다.

먼저는 성도 간의 사랑에 대해서 아주 길게 할애하고 있는 고린도전서 13장을 살펴보겠습니다.

²내가 예언하는 능력이 있어 모든 비밀과 모든 지식을 알고 또 산을 옮길 만한 모든 믿음이 있을지라도 사랑이 없으면 내가 아무 것도 아니요 (고전 13:2)

사랑이 없으면 내가 아무것도 아니라는 말씀은 기독교 신앙의 본질이 사랑에 있음을 잘 보여줍니다. 그래서 흔히 고린도전서 13장을 사랑장이라고 부릅니다.

자세한 내용을 살펴보기에 앞서 우리는 왜 사도 바울이 고린도 교회 성도들에게 이 사랑장을 쓰게 되었는가에 대한 배경을 생각해 보아야 합니다. 단순히 사랑이라는 주제를 딱 떼어 내서 사랑을 논할 때는 고린도전서의 맥락과 전혀 무관한 사랑의 정의가 나올 수밖에 없습니다.

고린도 교회는 굉장히 역동적인 교회였습니다. 유난히 은사가 많았기 때문입니다. 너도나도 은사를 가지고 있었습니다.

당시 초대교회에는 예배 중에 자신이 받은 은혜를 나누는 시간이 있었습니다. 고린도 교회 성도들은 너도나도 손을 들고 나가서 자신이 하나님께로부터 받은 은사나 은혜를 나누려고 엄청난 경쟁을 벌였습니다.

그뿐만 아니라 은사가 있다 보니까 자연적으로 어떤 구별이 생기게 되었습니다. 은사를 받은 사람과 못 받은 사람, 은사를 한 가지만 받은 사람과 두 가지를 받은 사람 등 교회 안에는 슬금슬금 등급과 계급이 나타났습니다. 사람이 모인 공동체인지라 이것이 시기가 되어 경쟁이 일어나게 된 것입니다.

그렇다고 은사를 이 모든 분열의 책임으로 지목할 수는 없습니다. 고린도 교회 성도들 안에 뿌리 깊은 구분과 분열의 마음이 더 큰 문제였습니다. 심지어는 성찬을 가지고도 그 못된 심리가 드러났습니다.

앞선 장에서 나누었던 것처럼 어떤 사람은 배불리 먹었지만, 근근이 살아야 하는 근로자들은 늦게 올 수밖에 없어서 성찬에 참여하면서도 음식을 못 먹는 상황이 발생했습니다. 이 또한 의도하지 않았지만 벌어진 일이었습니다.

게다가 교회 안에서 몇몇 지도자들을 따라서 교인들이 갈리기 시작했습니다. 너는 누구 편이야? 넌 누구 파야? 당연히 이 교회를 설립한 바울 파지. 자네는? 나는 우리 교회에서 가장 설교를 잘하는 아볼로 선생님 파야. 넌 누구 파야? 난 당연히 반석 같은 게바 파야. 당신은? 나는 그들이 전하는 예수파지…. 예수님은 파를 만든 적도 없는데 자기들끼리 당을 만들어 마음과 뜻과 정성을 다해서 다투고 있었습니다.

이러한 상황에 빠진 교회를 향해서 바울은 고린도전서를 기록합니다. 그렇다면 바울은 그 유명한 사랑장을 통해서 우리에게 어떤 사랑을 정의하고 싶었을까요?

> ¹내가 사람의 방언과 천사의 말을 할지라도 사랑이 없으면 소리 나
> 는 구리와 울리는 꽹과리가 되고 (고전 13:1)

사람의 방언과 천사의 말은 얼마나 대단한 영적인 권위입니까? 그러나 사랑이 없으면 소리 나는 구리와 울리는 꽹과리가 된다고 말합니다. 그 둘의 공통점이 무엇인지 아십니까? 소리가 일정하게 계속 난다는 것입니다.

혹시 기찻길 옆에서 근무했거나 잠을 청해 보신 적이 있습니까? 저는 지금 그렇게 살고 있습니다. 새벽 1시 10분이 되면 KTX 막차가 서울역에 도착합니다. 밤도 깊어 적막한데 그 막차가 들어오는 소리를 들으면 잠을 깨지 않을 수가 없습니다. 그래서 아예 그때까지 잠을 안 잡니다. 어마어마한 굉음입니다. 신기하게 낮에는 기차가 계속 왔다 갔다 해도 지나가는지도 잘 모릅니다. 그런데 밤은 워낙 고요한 시간이라 기차 지나가는 소리가 그렇게 크게 들립니다.

일정하게 반복되는 소리를 보통 뭐라고 합니까? 소음이라고 합니다. 사랑이 없으면 그 어떤 것도 소음에 불과하다는 그 말입니다. 수많은 수사와 화려한 꾸밈으로 떠들어도 결국 거기에 사랑이 없다면, 그것은 그냥 소음에 불과합니다.

고린도전서 13장 2절을 보겠습니다.

²내가 예언하는 능력이 있어 모든 비밀과 모든 지식을 알고 또 산을
옮길 만한 모든 믿음이 있을지라도 사랑이 없으면 내가 아무 것도
아니요 (고전 13:2)

예언하는 능력이 있어 성경과 하나님의 뜻을 통달하고 있는 사
람이라면 얼마나 대단한 사람이겠습니까? 그러나 바울은 산을 옮길
만한 모든 믿음이 있을지라도 사랑이 없으면 아무것도 아니라고 선
언합니다. 'Nothing'이라는 뜻으로 먼지에 불과하다는 말입니다. 지
식과 믿음 모두 교회에서 대단한 것으로 여기는 것인데, 그것조차
아무것도 아니라고 말하니 좀 너무하다 싶기도 합니다.

자, 드디어 사도 바울이 고린도 교회 성도들에게 또다른 사랑에
대해 말하고픈 본의가 드러나는 구절이 나옵니다.

³내가 내게 있는 모든 것으로 구제하고 또 내 몸을 불사르게 내줄지
라도 사랑이 없으면 내게 아무 유익이 없느니라 (고전 13:3)

가지고 있는 모든 것을 내어 주는 구제가 가능할까요? 그렇게 할
수 있다면 참으로 대단한 것입니다. 그러나 이 정도에서 멈추는 게

아닙니다. 온몸으로 무엇을 한다고 합니까? 몸을 불사르게 내어 준다고 합니다. 그렇게 할 수 있는 사람이 몇이나 될까요? 저를 포함해서 거의 없다고 생각합니다.

사람이 어디 하나에 꽂히면 이거다, 이건 내 운명 같은 소명이다 하고 전부를 겁니다. 그럴 수 있지 않습니까? 그런데 여기서 문제가 생깁니다. 성도 중에 한 사람이 무언가에 꽂혀서 "교회는 이것을 해야 합니다!" 이렇게 외치고 다닌다고 생각해 보십시오. 그러나 거기에 아직 심정적 동의가 안 된 사람들은 이게 뭔가 싶어 주춤거리고 갸우뚱할 수 있습니다. 시간이 필요한 것입니다.

그런데 지금 한국 교회와 한국 사회 분위기는 어떻습니까? 누군가 머리에 띠를 띠고 나가서 외치는데 이때 선뜻 나서지 않고 Yes라고 반응하지 않으면 다 적이 되어버리고 맙니다. 다 반대하는 사람으로 몰아버립니다. 그래서 선을 확 그어 버립니다.

그런데 사도 바울을 통해 주신 사랑에 대한 말씀을 잘 새겨야 합니다. 모든 것을 내어 주고 내 몸을 불사르게 내어 줄지라도 사랑이 없으면 내게 아무 유익이 없다. 도대체 몸을 불사르고 모든 걸 내어 주는 것보다 더한 것이 어디 있습니까? 우리가 이것을 사랑이라고 말하지 않습니까? 이보다 더한 사랑이 어디 있을까요? 그런데 이어지는 말씀에서 사랑을 이렇게 정의합니다.

144

⁴사랑은 오래 참고 사랑은 온유하며 시기하지 아니하며 사랑은 자랑하지 아니하며 교만하지 아니하며 ⁵무례히 행하지 아니하며 자기의 유익을 구하지 아니하며 성내지 아니하며 악한 것을 생각하지 아니하며 ⁶불의를 기뻐하지 아니하며 진리와 함께 기뻐하고 ⁷ 모든 것을 참으며 모든 것을 믿으며 모든 것을 바라며 모든 것을 견디느니라 (고전 13:4-7)

사랑에 대한 바울의 색다른 정의가 어떻습니까? 능동적이고 적극적인 태도입니까? 그렇지 않습니다. 바울이 정의한 사랑은 오히려 수동적이고 소극적인 태도로 보입니다.

이것은 무엇을 이야기하는 것일까요? 내가 아무리 어떤 문제에 관심이 가서 이것이 본질이고 무조건 해야 한다고 주장할 수 있습니다. 하물며 이 문제에 대해 아무런 이론의 여지가 없을 수도 있습니다.

하지만 공동체 안에는 각양각색의 정서와 멘탈을 가진 별의별 사람들이 다 모여 있습니다. 주장에 동의하여 듣고 따라오는 사람도 있겠지만, 훨씬 높은 비율로 따라오지 않는 사람도 분명히 있다는 것을 염두에 두어야 한다는 것입니다.

그럴 때 선을 그어 버리고 반대자나 동의하지 않는 사람으로 취급하지 말고, 그 상황에서 견디고 참으며 기다리라는 말입니다. 이것이 사랑입니다.

이렇게 수동적이고 소극적인 사랑은 능동적이고 열정적인 사랑보다 훨씬 어렵습니다. 열정적인 사랑은 사실 어떤 면에서는 관심이 갈 때 하기 쉽습니다. 운명 같은 거라고 하는데 어떻게 하겠습니까? 그러나 견디고 참고 인내하며 끊임없이 기다리는 사랑은 정말 어렵습니다.

우리는 이러한 사랑을 어디에서 훈련받습니까? 자녀를 양육하면서 훈련을 받습니다. 자녀들은 그저 자기가 살아온 세월만큼의 눈높이밖에 보지 못합니다. 지금 당장에는 그게 전부인 줄 압니다. 그런데 이미 두 배, 세 배 이상의 세월과 경험을 쌓아 온 선배나 어른의 입장에서는 조금 더 기다려줬으면 하는 아쉬움이 남습니다. 높이와 시선이 다르기 때문에 벌어지는 일입니다.

그때 어떻게 해야 합니까? 이때 나오는 사랑은 무엇입니까? 부모의 입장에서는 기다려 주고, 속아 주고, 참아 줘야 합니다. 어설픈 주장이라고 할지라도 동의해 주는 척하고 함께 가야 합니다.

마치 교회는 두 명이 각각 한쪽 다리를 묶고 뛰는 2인 1각 경기와 같습니다. 한 친구는 100m를 11초에 주파할 수 있는 신체적 능력이 있습니다. 또 다른 친구는 천성적으로 신체 능력이 좋지 않고 움직이는데 소질이 없습니다.

두 사람이 같이 발을 묶고 뛰어야 한다면 어떻게 해야 할까요? 옆에 있는 친구가 피가 나든 생채기가 나든 상관하지 말고 질질 끌고 가야 할까요? 당연히 아닙니다. 이럴 때는 구령을 맞추어 천천히 가야 합니다. 물론 답답합니다. 안 되는 사람을 기다리고 같이 가려면 당연히 답답할 수밖에 없습니다.

우스갯소리로 부부 사이에는 절대 운전을 가르쳐주지 말라고들 합니다. 답답한 나머지 다툼이 일어나게 되기 때문입니다. 이와 마찬가지로 자기 자녀를 정말 잘 가르칠 수 있는 아버지가 있다면 그 사람은 거의 성인군자 수준일 것입니다. 정말 어려운 일이고 잘 되지도 않습니다.

바울이 고린도 교회 성도들에게 원하는 사랑의 수준은 바로 이런 것입니다. 적극적이고 불타는 사랑이 필요한 것도 맞습니다. 그러나 훨씬 어려운 사랑은 견뎌 주고 인내해 주고 기다려 주고 참아 주는 사랑입니다.

이것이 교회 공동체의 삶뿐만 아니라 가정 공동체도 마찬가지고 사회생활에서도 사실은 적용되는 부분입니다. 그 사랑을 실천하고 드러내야 합니다. 그리스도께서 바로 그러한 사랑을 우리에게 보여 주셨습니다.

물론 예수님의 사랑은 초월적인 사랑이고 세상이 감당할 수 없는 사랑입니다. 전부를 주신 사랑이기 때문입니다. 그러나 그러한 적극적인 사랑 이면에는 더 깊은 하나님 아버지의 마음이 있습니다. 그것은 우리를 기다려 주시는 사랑입니다.

³너희가 피곤하여 낙심하지 않기 위하여 죄인들이 이같이 자기에게 거역한 일을 참으신 이를 생각하라 (히 12:3)

예수님을 생각하라고 우리에게 권면하는 히브리서 기자는 그분의 인내를 생각하라고 말합니다. 죄인들의 거역을 참으신 주님을 기억하라는 것입니다.

예수님은 왜 십자가를 참으셨습니까? 사랑 때문입니다. 사랑은 참게 합니다. 바울이 사랑을 정의할 때 가장 먼저 설명한 것이 '오래 참음'입니다.

우리가 떠올리는 사랑과 사뭇 다르다고 느껴지지 않으십니까? 그러나 그것은 우리를 향한 하나님의 사랑이 가지는 가장 분명한 특징입니다. 죄인들을 향하여 참으신 사랑이 아버지 하나님과 아들 예수 그리스도의 사랑이었습니다.

그러므로 우리가 교회 공동체에서 사랑을 논하고자 한다면, 그 기초는 오래 참음이어야 한다고 생각합니다. 다른 많은 사랑의 표현들이 있음에도 그 출발은 참는 것입니다. 이것은 다른 사람의 처지가 되어 보는 것이기도 합니다. 그 사람의 입장에 서 보는 것입니다.

¹⁵우리에게 있는 대제사장은 우리의 연약함을 동정하지 못하실 이가 아니요 모든 일에 우리와 똑같이 시험을 받으신 이로되 죄는 없으시니라 (히 4:15)

사실 바로 그 일을 위해 예수님께서는 사람의 몸을 입고 이 땅에 오셨습니다. 우리가 이 땅에서 육신을 입고 있는 연약함을 그야말로 몸소 겪으셨습니다. 우리가 당하는 시험이 무엇인지 다 겪으시고 경험하셨습니다.

그분은 우리를 '동정'하십니다. 우리는 동정이라고 하면 혀를 끌끌 차면서도 마지못해 적선하는 태도로 생각하는 경우가 많습니다. 그래서인지 동정 따위는 받고 싶지 않다는 대사가 드라마나 영화에 흔하게 등장합니다.

그런데 여기서 말하는 동정은 그분이 우리와 같은 어려움을 경험하셨고, 거기에서부터 나오는 긍휼의 마음을 의미합니다. 어떻게 우리를 향해 긍휼의 마음을 가지실 수 있습니까? 저 높은 곳에서 고고한 태도로 우리를 내려다보시는 게 아니라, 우리가 겪는 처지까지 낮아지셨기에 우리의 연약함을 공감하신다는 것입니다. 주님의 사랑은 그런 사랑입니다.

형제 사랑의 기초가 여기에 있습니다. 그리스도께서 우리를 그렇게 사랑하신 것처럼 우리 또한 형제를 기다려야 합니다. 그에게 공감해야 합니다. 그 형제와 내가 다를 것이 무엇입니까? 속된 말로 우리가 잘났으면 얼마나 잘났습니까? 우리가 형제를 업신여길 수 있는 근거가 있습니까? 그리스도의 사랑을 생각하면 우리는 할 말이 없는 존재들입니다.

그 사랑을 잊을 때 자꾸만 높은 마음이 듭니다. 형제를 이해하기보다는 쉽게 판단하게 됩니다. 형제를 향하여 교만한 태도를 보이게 됩니다. 그것은 사랑이 아닙니다.

사랑은 형제를 자신과 같은 자리에 놓고 생각하는 것에서 출발합니다. 물론 성경은 더 적극적으로 나보다 남을 더 낮게 여기라고까지 말씀합니다. 그 경지에까지 가지는 못할지라도, 적어도 같은 선상에 놓는 것이 사랑의 시작이요 출발이 됩니다. 그것은 오래 참는 것이고, 기다려주는 것이고 이해하려 애쓰는 것입니다.

이것은 오늘날처럼 여러 형태의 분열이 한국 사회와 한국 교회를 뒤덮고 있는 상황에서 우리가 진정으로 회복해야 할 사랑의 기초입니다. 이러한 이해와 기다림이 없다면, 교회가 하는 어떠한 사역, 교회가 외치는 어떠한 과제도 아무것도 아닙니다.

우리가 두 번째로 생각하고자 하는 것은 이웃에 대한 사랑입니다. 누가복음 10장 25절부터 26절을 보겠습니다.

[25]어떤 율법교사가 일어나 예수를 시험하여 이르되 선생님 내가 무엇을 하여야 영생을 얻으리이까 [26]예수께서 이르시되 율법에 무엇이라 기록되었으며 네가 어떻게 읽느냐 (눅 10:25-26)

누가복음 10장에는 한 율법교사가 예수님을 시험하러 나온 일이 소개됩니다. 이 율법교사는 예수님을 시험하기 위해 "내가 무엇을 하여야 영생을 얻으리이까?" 하고 묻습니다.

'내가 무엇을 하여야'로 시작되는 율법교사의 질문 속에는 그가 영생에 대해서 어떤 이해를 갖고 있는지가 금방 드러납니다. 당시 종교인들은 행위에 기반을 두어 인간의 의를 쌓음으로써 구원받을 수 있다는 기대와 신학적으로 비틀린 관점을 가지고 있었습니다.

이에 예수님께서는 율법에 무엇이라 기록되어 있는지 다시 물으십니다.

> [27]대답하여 이르되 네 마음을 다하며 목숨을 다하며 힘을 다하며 뜻을 다하여 주 너의 하나님을 사랑하고 또한 네 이웃을 네 자신 같이 사랑하라 하였나이다 [28]예수께서 이르시되 네 대답이 옳도다 이를 행하라 그러면 살리라 하시니 (눅 10:27-28)

율법교사는 아주 분명하고 자신 있게 "하나님을 사랑하고, 네 이웃을 자신 같이 사랑하라 하셨습니다."라고 대답합니다. 이에 예수님은 "네 답이 옳다. 네가 말한 그대로 행하라. 그러면 살 것이다."라고 말씀하십니다.

어떻게 보면 예수님의 답변은 아리송합니다. 나를 믿어야 한다고 말씀하셨어야 하지 않았을까요? 아니면 다른 성경에서처럼 네게 있는 것을 다 팔아 가난한 자들에게 주고 와서 나를 따르라고 말씀하시면 더 좋지 않았을까요? 그런데 예수님은 율법교사의 답변 그대로를 승인하십니다. 그것은 이 이야기의 초점이 그다음 질문에 있기 때문입니다.

> ²⁹그 사람이 자기를 옳게 보이려고 예수께 여짜오되 그러면 내 이웃이 누구니이까 (눅 10:29)

율법교사는 사실 영생을 얻는 방법에 관심이 있지 않았습니다. 애초에 그는 예수님을 시험하기 위해 나왔습니다. 자신의 질문에 예수님이 뭐라고 대답하시는지 보고, 만약 율법과 어긋나는 답을 하신다면 말꼬리를 붙잡고 늘어지겠다는 심보로 질문한 것입니다.

그런데 예수님께서 율법 그대로를 승인하시자 대화의 방향이 다른 곳으로 튑니다. 그는 예수님께 "내 이웃이 누구입니까?"라고 질문합니다. 이웃이면 이웃이지 뭘 그런 걸 다 묻나 하는 생각이 들 것입니다.

이런 자구적인 해석은 당시 유대 종교인들에게는 매우 일상적인 것이었습니다. 결의론(決疑論)적으로, 율법의 작은 부분들까지 세밀히 해석해서 이런저런 전통들과 유전들을 만들어 가고자 했습니다.

예를 들면 그들은 안식일에 일하지 않기 위해서 '일'의 범위를 규정하였습니다. 안식일에 문자 그대로 아무것도 하지 않을 수는 없기에 허용되는 일과 허용되지 않는 일을 구분했습니다. 허용되는 일 중에서도 '안식일에 몇 미터를 넘게 걸으면 일이다'라는 식으로 범위에 따라 규정해 놓았습니다.

율법교사가 '자기를 옳게 보이려고' 이 질문을 했다고 성경에 기록되어 있습니다. 자신을 정당화하고자 했다는 의미로 이해할 수 있습니다.

사실 예수님은 이 율법교사에게 별로 말씀한 것이 없습니다. 그런데 자승자박이라는 말처럼 예수님을 시험하러 왔다가 결국 스스로 시험에 들고 말았습니다. 율법이 가르치는 바를 자기 입으로 말했을 때, 그 율법이 이 사람의 양심을 찔렀습니다. 그러나 회개하여 돌이키기보다는 자신을 정당화하는 길을 택했던 것입니다.

율법교사는 무엇을 정당화하고 싶었을까요? 아마도 그가 사랑하는 '이웃'이 한정되어 있다는 것을 정당화하고 싶었을 것입니다. 자기가 사랑하는 사람은 이웃이지만, 자기가 무심하거나 미워하는 사람은 이웃이 아니라고 항변하고 싶었던 것 같습니다. 그래서 예수님께 이웃이 누구인지 다시 여쭙고 있는 것입니다.

이에 예수님은 우리가 잘 아는 선한 사마리아인의 비유 이야기를 들려주십니다.

[30]예수께서 대답하여 이르시되 어떤 사람이 예루살렘에서 여리고로 내려가다가 강도를 만나매 강도들이 그 옷을 벗기고 때려 거의 죽은 것을 버리고 갔더라 [31]마침 한 제사장이 그 길로 내려가다가

그를 보고 피하여 지나가고 ³²또 이와 같이 한 레위인도 그 곳에 이르러 그를 보고 피하여 지나가되 ³³어떤 사마리아 사람은 여행하는 중 거기 이르러 그를 보고 불쌍히 여겨 ³⁴가까이 가서 기름과 포도주를 그 상처에 붓고 싸매고 자기 짐승에 태워 주막으로 데리고 가서 돌보아 주니라 ³⁵그 이튿날 그가 주막 주인에게 데나리온 둘을 내어 주며 이르되 이 사람을 돌보아 주라 비용이 더 들면 내가 돌아올 때에 갚으리라 하였으니 (눅 10:30-35)

어떤 사람이 예루살렘에서 여리고로 향하는 길에 강도를 만났습니다. 이 사람은 거의 반죽음이 된 상태였습니다. 천만다행인 것은 길을 가는 중에 그를 발견한 사람들이 있었다는 것입니다.

그런데 의아하게도 사람들은 강도 만난 사람을 보고도 도와주지 않고 피해 갔습니다. 그들은 최고의 신앙과 경건을 가진 것으로 여겨지는 제사장과 레위인, 곧 종교인들이었습니다. 이들은 왜 강도 만난 사람을 보고도 지나쳤을까요?

분명한 이유는 알 수 없습니다. 이 사람이 거의 죽었다고 생각해서 피했을 수도 있습니다. 당시 종교인들은 시체에 접촉하면 제의적으로 부정해진다고 하여 제대로 사역을 할 수 없었습니다. 어쩌면 그 주위에 강도들이 숨어있을까 봐 두려웠을 수도 있습니다. 아니면 그저 이런 일에 휘말리고 싶지 않았을 수도 있습니다.

이런저런 이유들이 있었겠지만 분명한 것은 그들이 이 사람을 보고도 지나쳤다는 사실입니다. '네 이웃을 네 자신과 같이 사랑하라'는 하나님의 계명을 누구보다 잘 아는 사람들이었습니다.

반면에 그곳을 지나가던 사마리아인은 이 사람을 발견하고 응급조치를 취하고 주막으로 데리고 가 돌봐 줍니다. 왜 사마리아인이 등장해야 했을까요? 예수님께서는 앞선 두 사람, 곧 제사장과 레위인을 이 사마리아인과 극명하게 대비시키고 싶으셨던 것 같습니다.

예수님은 유대인이요 최고의 경건과 신앙을 가진 것으로 여겨지는 사람과, 유대인들로부터 개, 돼지 취급을 받았던 사마리아 사람을 대비시키고 계십니다.

사마리아 사람들은 북이스라엘이 앗수르에 의해 침공 받았을 때, 앗수르의 이주와 통혼 정책으로 인해 이방인들과 피가 섞인 사람들이었습니다. 유대인들에게 있어서 로마인 같은 완전한 이방인들보다도 더 부정하게 여겨졌던 족속이었습니다.

아마도 이 질문을 시작한 율법교사에게도 사마리아인은 하늘이 무너져도 절대 이웃이 될 수 없는 부류 중 하나였을 것입니다. 예수님은 바로 이러한 사람을 예로 들어 율법교사의 외식을 꼬집고 계십니다.

여기서 한 가지 질문이 생깁니다. 그렇다면 이 사마리아인은 왜 강도 만난 사람을 도와주었을까요? 제사장과 레위인이 이 사람을 도와주지 않은 이유를 명시하지 않은 것과 달리, 예수님은 이 사마리아인의 동기를 묘사하고 계십니다.

33절을 보니까 "그를 보고 불쌍히 여겼다"고 되어 있습니다. '불쌍히'라는 단어는 복음서에서 백성들을 향한 예수님의 심정을 묘사할 때 사용되는 단어입니다. 먹지 못하는 이들, 병중에 있는 이들, 눈을 뜨지 못하는 이들, 죽음 앞에 슬퍼하는 이들을 향해 가졌던 예수님의 심정이 이 단어로 묘사됩니다.

앞에서 우리가 형제를 사랑하기 위해서는 그를 향한 동정과 공감이 있어야 한다고 이야기했습니다. 마찬가지입니다. 사랑은 명령으로 되는 것이 아닙니다. 사랑은 마음으로부터 출발합니다. 이웃을 향하여 어떤 마음을 품고 있느냐가 가장 중요한 문제입니다.

이 비유 이야기 속의 제사장과 레위인은 불쌍히 여기는 마음을 잃어버렸습니다. 긍휼이 느껴지지 않는 종교인이었습니다. 그러나 이들이 멸시하고 천대하던 사마리아 사람에게는 긍휼이 있었습니다. 불쌍히 여기는 마음이 충만했습니다. 그것은 다름 아닌 예수 그리스도의 마음이었습니다.

[36]네 생각에는 이 세 사람 중에 누가 강도 만난 자의 이웃이 되겠느냐 (눅 10:36)

예수님은 율법교사의 질문을 뒤집어 놓으십니다. 그는 이웃의 정의를 여쭈었습니다. 그러나 예수님은 사랑의 정의가 무엇인지를 말씀하십니다.

사랑은 곤고한 백성들을 향한 불쌍히 여기는 마음에서 출발합니다. 그러므로 마음의 문제가 해결되지 않은 사람은 결코 이웃을 사랑할 수 없습니다. 우리를 불쌍히 여기시는 예수님을 만난 사람만이 다른 사람들을 향하여 같은 심정을 가질 수 있습니다.

³⁷너도 이와 같이 하라 하시니라 (눅 10:37 하반절)

예수님의 이 말씀 앞에 주저함이 있을 수 있겠습니까? 더 이상 무슨 핑계를 댈 수 있을까요? 결코 그럴 수 없습니다.

오늘날 일상의 자리에도 강도 만난 자들이 수없이 많이 있습니다. 우리는 우리가 보지 못하는 것이 아니라 피하는 것이 문제입니다. 우리에게 긍휼히 여기고 애통하는 마음이 없는 것이 문제입니다. 다른 여러 핑계들을 댄다고 할지라도 예수님은 우리에게 강도 만난 세상을 향한 눈물이 있는지를 물으실 것입니다.

성도가 진정으로 회복해야 할 것이 있다면 세상을 향한 긍휼의 마음입니다. 그것을 잃어버린 교회는 아무리 고고한 제사장과 레위인 행세를 한다고 할지라도 세상에 아무런 감동도 변화도 가져다주지 못합니다.

세상은 교회의 위선적인 태도에 가장 크게 실망하고 있습니다. 사랑이 없으면 아무것도 아니라는 말씀이 우리의 내면을 깊숙이 찔

러야 합니다. 우리 교회 공동체는 과연 동정이 충만한 공동체인지, 나 자신은 세상의 이웃들을 긍휼과 애통의 마음으로 바라보고 있는지 우리는 되물어야 합니다.

> [16]하나님이 우리를 사랑하시는 사랑을 우리가 알고 믿었노니 하나님은 사랑이시라 사랑 안에 거하는 자는 하나님 안에 거하고 하나님도 그의 안에 거하시느니라 (요일 4:16)

하나님은 사랑이십니다. 사랑하는 자는 하나님 안에 거하고 하나님도 그의 안에 거하십니다.

헌금

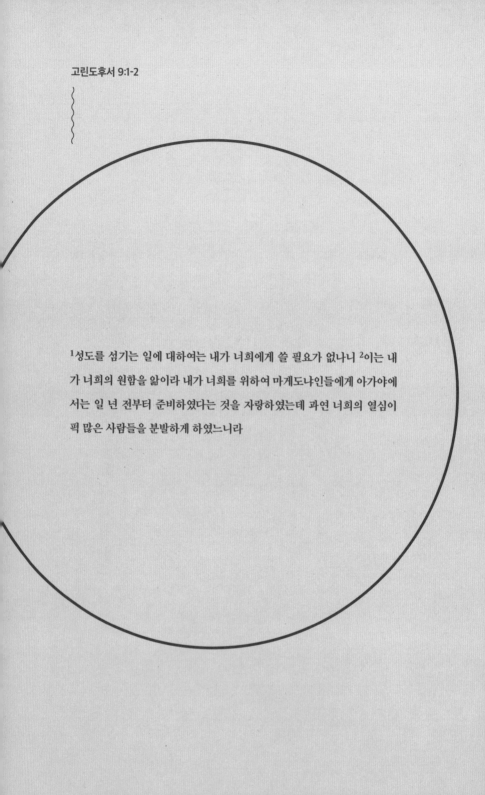

¹성도를 섬기는 일에 대하여는 내가 너희에게 쓸 필요가 없나니 ²이는 내가 너희의 원함을 앎이라 내가 너희를 위하여 마게도냐인들에게 아가야에서는 일 년 전부터 준비하였다는 것을 자랑하였는데 과연 너희의 열심이 퍽 많은 사람들을 분발하게 하였느니라

창세기 14장에는 십일조가 성경에 처음 언급되는 장면이 나옵니다. 그 스토리는 다음과 같습니다.

아브라함은 조카가 전쟁터에서 붙들렸다는 소식을 듣자 집에서 기르던 군대 318명을 거느리고 국외 족장이 엉겨 붙은 중동 전쟁 한복판에 뛰어듭니다. 그는 모든 대적을 물리치고 조카와 빼앗겼던 것을 되찾았습니다. 뿐만 아니라 노획물까지 챙기고 의기양양해서 돌아옵니다.

이때 두 왕이 그를 맞이하러 나왔습니다. 한 명은 살렘 왕 멜기세덱이었고, 또 한 명은 소돔 왕이었습니다. 각각 아브라함에게 환영사를 전했습니다.

멜기세덱은 이런 환영문을 내놓았습니다. "아브라함아 이 모든 대적을 네 손에 붙이신 천지의 주재이신 하나님께 감사하라." 여기서 감사하라는 말은 찬양하라는 말과 동의어입니다. "그분을 높여라, 그분을 찬양하라"는 의미입니다.

이때 아브라함은 '아, 이 모든 주권자도 주님이시요 얻게 하신 것도 승리도 주님께로부터 온 것이구나!' 하고 깨닫습니다. 그리고 얻은 것의 십분의 일, 그러니까 열의 첫 것을 멜기세덱에게 주는데, 이 장면이 성경에서 처음으로 소개되는 십일조인 것입니다.

[3]아버지도 없고 어머니도 없고 족보도 없고 시작한 날도 없고 생명

의 끝도 없어 하나님의 아들과 닮아서 항상 제사장으로 있느니라

(히 7:3)

멜기세덱에 관한 기록입니다. 그는 누군가의 예표였습니다. 누구였을까요? 바로 그리스도의 예표였습니다. 그는 오실 그리스도의 예표적 왕이었습니다.

첫 것을 드렸다는 것은 단순히 산술적 개념으로 계산해서 십분의 일을 드렸다는 말이 아닙니다. 여기서 말하는 첫 것은 히브리적 개념으로써 첫 것이 나머지 모든 것들을 대신하고 대표한다는 의미가 있습니다.

다시 말해 첫 것을 드린다는 의미는 이 모든 것은 주께로부터 왔으니 주님의 것으로 돌려드린다는 신앙이 담긴 고백입니다. 이것이 바로 십일조의 정신입니다.

그렇다면 나머지 십분의 구는 내 것입니까? 아닙니다. 열의 첫 것은 모든 것을 대표하고 전부를 상징한다는 의미로 설명했습니다. 그럼 나머지 십분의 구도 내 것이 아닌, 주님의 것입니다. 그래서 우리는 나머지 아홉도 주님의 선한 뜻대로 사용하겠다는 고백을 담아 십일조를 드리는 것입니다.

십일조는 율법이 아닙니다. 이미 십일조 행위 자체가 율법 시대 이전에 기록되었습니다. 그러니까 총수입에서 얼마를 해야 되는지, 이익을 떼고 해야 되는지, 세금을 제하고 해야 되는지 포함해서 해

야 되는지를 묻지 않기를 바랍니다. 어떻게 해도 상관없습니다.

이것이 율법이라면 산술적으로 십분의 일만 하면 됩니다. 그러나 십일조는 감사가 기본적인 정신이기 때문에 이것을 드려야 되는지, 안 드려야 되는지는 논란의 여지가 되지 않습니다. 십일조는 열매를 주신 하나님을 향한 감사이자 전부를 드린다는 고백입니다.

반면에 소돔 왕은 뭐라고 합니까? "이 모든 대적을 네 손에 붙이신 하나님께"라는 멜기세덱의 환영사와는 달리 "이것은 네가 수고했고, 네가 땀 흘렸고, 네가 목숨 걸고 싸웠으니 네가 가져라" 하는 환영사를 합니다.

그러자 아브라함은 바로 멜기세덱으로부터 들었던 동일한 고백을 인용합니다. "천지의 주재이신 하나님을 두고 맹세하나니 신발 끈 하나라도 내 것으로 취하지 않을 것이다. 이것은 주께로부터 온 것이다." 라고 말입니다.

정리하자면 첫 번째, 십일조는 율법이 아닙니다. 열매를 주신 하나님을 향한 감사입니다. 두 번째, 모든 만물의 소유권이 하나님께 있다는 것을 고백하는 동시에 나머지 아홉도 주를 위해 쓰겠다는 고백입니다. 그렇기에 십일조는 사실상 율법의 개념을 훨씬 뛰어넘는 우리 신앙생활에 매주 중요한 기준입니다.

한국 교회에서 헌금에 관한 주제는 어쩐지 매우 민감하고 불편한 주제가 되어 버렸습니다. 일차적인 책임은 목회자들에게 있습니다. 하나님께 드려야 할 모든 아름다운 헌금을 잘못 사용했거나, 헌금에 대하여 잘못 가르친 책임이 있습니다. 이에 대한 통렬한 마음을 가지고 한국 교회와 저를 포함한 목회자들은 반성하고 회개해야 됩니다.

상황이 이렇다 보니 어떤 이상한 분위기가 자연스럽게 형성되었습니다. 헌금에 대해서 언급하지 않는 목회자가 좋은 목회자라는 잘못된 공식이 성립된 것입니다. 정말 그게 맞습니까? 결코 아닙니다.

설교의 왕자라고 불리는 찰스 스펄전(Charles Haddon Spurgeon) 목사는 성경이 말하는 헌금을 성도들에게 바로 가르치지 않는 목사는 악한 목사라고 말했습니다. 헌금은 성도의 신앙생활에서 굉장히 중요한 시금석입니다. 그래서 헌금에 대해 건강한 방향으로 가르쳐야 하는 책임이 목회자에게 있습니다.

어떤 사람들은 "교회가 돈을 그 따위로 쓰는데 내가 어떻게 헌금을 하느냐"며 "차라리 내가 알아서 도와주고 싶을 때 도와주는 게 낫다"고 말합니다. 이런 생각을 가지고 있는 이들에게 왜 그렇게 생각을 하는지 물어보면 저라도 그렇게 할 것 같다는 생각이 듭니다. 그분들의 말이 충분히 이해가 되고 동의가 됩니다.

그러나 그 또한 아슬아슬한 방법임을 놓쳐서는 안 됩니다. 내 마음대로 내가 알아서 하겠다는 말에는 내 의지는 옳고 내 선택은 정의롭다는 전제가 깔려 있습니다.

그러나 나는 절대로 하나님이 아닙니다. 따라서 거기에는 잘못된 동기가 들어갈 수 있고, 나아가 조심하지 않으면 자기 의가 생성될 수 있는 위험성이 도사리고 있습니다.

마뜩잖더라도 어쨌든 그리스도의 몸 된 교회를 통해서 헌금이 사용되고 흘러가도록 하는 것이 정상입니다. 예루살렘 교회의 성도들이 자신의 소유를 팔아 사도들 앞에 놓은 것은 하나님께 드린다는 의미였습니다. 그것이 헌금에 대한 올바른 태도입니다.

프롤로그에서 소개했던 일화를 기억하십니까? 인도에서 이 마을 저 마을을 돌며 예배를 할 때마다 선교사님은 일행 중 한 장로님이 쓰고 다니던 모자를 벗겨서는 거기다 헌금을 거두었습니다.

교회에 한 번도 가 본 적이 없고, 그날 처음 그리스도에 대해 이야기를 듣고 영접한 이에게 헌금을 거두는 것이었습니다. 이것이 정말 가능할까 싶었는데 가능했습니다. 그들은 복음을 듣고 주님을 영접한 기쁨을 어찌할 수 없어서 정말 얼마 안 되는 액수의 돈이지만 그 자리에서 바로 헌금을 했습니다.

그런데 그 다음 그들의 행동을 보고 또 깜짝 놀랐습니다. 얼마 안 되는 헌금마저 없는 사람은 바로 자기 집에 달려가 감자를 가지고 왔습니다. 옛날 우리 농촌에서 볼 수 있었던 정겨운 풍경이었습니다. 그것도 없을 때는 접시에 고구마 같은 것을 가지고 와서 헌금이라고 드렸습니다.

이러한 모습들이 하나님께서 받으시기에 얼마나 순박하고 깨끗하고 순수한 헌금이었을까요? 참 감격스러운 현장이었습니다. 헌금이라는 것은 적어도 이런 순수함 속에서 드려야 하는 것 아니겠습니까?

그런데 오늘날 우리의 헌금은 수많은 잘못된 불순물과 동기들이 개입되어 헌금에 오롯이 드러나야 될 정신과 가치가 손상되고 망가져 버렸습니다.

다시 말하지만 헌금은 신앙생활에 있어 매우 중요한 척도가 됩니다. 쉽게 생각하거나, 민감한 문제이니 개인이 알아서 하도록 한다고 둘 영역이 아닙니다. 우리는 헌금의 본질과 헌금 드리는 태도에 대해서 성경적으로 명확한 관점을 확립하고, 또 실천하는 훈련을 해야 합니다.

고린도후서 9장을 통해 나타난 헌금의 의미에 대해 이야기를 나눌까 합니다.

¹성도를 섬기는 일에 대하여는 내가 너희에게 쓸 필요가 없나니 (고후 9:1)

고린도 교회는 아시다시피 많은 문제를 안고 있던 교회였습니다. 은사도 많았고, 죄도 많은 반면에 열정도 가득했습니다. 그런 그들이 1년 전쯤부터 예루살렘 교회가 극심한 환난 속에 있다는 소식을 전해 듣게 됩니다. 유대 지역에 무시무시한 기근이 임하면서 성도들이 굶는 지경에까지 이른 것이었습니다.

예루살렘 교회로부터 복음을 전해 들었던 이방 땅의 교인들은 자신들이 받은 은혜를 기억하며 자발적으로 헌금을 모으는 운동을 시작했습니다. 그 가운데 가장 모범을 보였던 교회가 마게도니아에 있는 데살로니가 교회였습니다. 그들도 지진으로 인해 힘든 가운데 있었지만 끝까지 예루살렘 교회를 위해 헌금을 했습니다.

이것을 보면 교회가 돈이 없어서 일을 못하는 게 아니라는 것을 알게 됩니다. 돈이 있어도 은혜가 없으면 일을 못합니다. 교회는 재정으로 일하는 곳이 아닙니다. 하나에서부터 백까지 은혜로 일하는 공동체입니다.

이들과 가까이에 있는 고린도 교회도 이 사역에 동참해야 되겠다고 생각했습니다. 그런데 막상 헌금을 하려고 하는데 문제가 생겼습니다. 고린도 교회와 사도 바울 사이에 갈등이 벌어진 것입니다.

갈등은 헌금 문제와는 상관없이 사도 바울에 관한 가짜 뉴스 때문이었습니다. 누군가가 사도 바울이 돈을 주고 사도권을 샀다며 사도권에 대해 문제를 제기하는 뉴스를 퍼뜨렸던 것입니다.

아마도 고린도 교회 내부에선 만들어졌던 것으로 보입니다. 당시 고린도 교회는 다양한 분파로 분열이 되어 있었습니다. 아볼로파, 게바파, 예수님파, 사도 바울파까지 만들어서 마음과 뜻과 정성을 다해 싸우고 있었습니다.

사도 바울은 이런 분위기와 상황 속에서 헌금을 하는 것이 적절치 않다고 판단하여 고린도 교회의 헌금을 유보시켰습니다. 그 후 시간이 지나 고린도 교회와 바울이 오해를 풀게 되었습니다.

바울은 다시 고린도 교회 성도들에게 편지를 쓰면서 일전에 중단했던 예루살렘 교회를 섬기는 헌금 문제를 다시 시도해야 되지 않겠냐고 묻고 있는 상황입니다.

[2]이는 내가 너희의 원함을 앎이라 내가 너희를 위하여 마게도냐인들에게 아가야에서는 일 년 전부터 준비하였다는 것을 자랑하였는데 과연 너희의 열심이 퍽 많은 사람들을 분발하게 하였느니라 (고후 9:2)

고린도 교회는 이 일을 1년 전부터 준비했습니다. 사도 바울은 헌금 운동에 앞장섰던 마게도니아 교회 성도들에게 고린도 교회 성도들을 자랑을 했었습니다.

[3]그런데 이 형제들을 보낸 것은 이 일에 너희를 위한 우리의 자랑이 헛되지 않고 내가 말한 것 같이 준비하게 하려 함이라 (고후 9:3)

바울은 헌금을 수거해서 배달하는 역할을 위해 믿을 만한 형제,

곧 디도와 이름 모를 두 형제를 고린도 교회로 보냈습니다. 3절은 그들을 인정하는 글입니다.

바울은 고린도 교회 성도들에게 이 형제들을 보낸 것은 그들로 하여금 준비하게 하려 함이라고 말했습니다. 무엇을 준비해야 한다는 말일까요? 헌금을 준비하라는 말입니다. 바울이 도착하면 그때서야 막 헌금을 하겠다고 야단법석을 떨지 말고, 그가 가기 전에 미리 헌금을 준비하라는 것입니다. 그런데 여기서 강조하는 부분이 바로 준비입니다.

> [4]혹 마게도냐인들이 나와 함께 가서 너희가 준비하지 아니한 것을 보면 너희는 고사하고 우리가 이 믿던 것에 부끄럼을 당할까 두려워하노라 [5]그러므로 내가 이 형제들로 먼저 너희에게 가서 너희가 전에 약속한 연보를 미리 준비하게 하도록 권면하는 것이 필요한 줄 생각하였노니 이렇게 준비하여야 참 연보답고 억지가 아니니라
> (고후 9:4-5)

연보가 무슨 뜻인지 아십니까? 여기 사용된 연은 버릴 연(捐)이고, 보는 도울 보(補)입니다. 이 말은 80년대까지만 해도 교회 안에서 헌금을 가리키는 용어로 많이 사용했습니다. 근래에 들어 우리가 주로 사용하는 말은 헌금입니다. 헌금도 드릴 헌(獻) 자에 쇠 금(金) 자입니다.

사실은 교계에서도 여전히 어느 표현이 맞느냐 하는 논란이 있습니다. 저는 둘 다 틀리지 않다고 봅니다. 당연히 헌금이라는 말 속에 드린다는 개념이 있고, 연보라는 것은 어떤 구제를 목적으로 하는 헌금을 말하기 때문입니다. 그러니까 용어를 가지고 무엇이 옳은지를 논한다는 것은 불필요하고 다만 이 두 단어 속에 성경이 의도하는 개념이 다 포함되어 있다고 보는 게 좋습니다.

참 연보의 반대 개념이 무엇입니까? 억지 연보입니다. 이것은 중요한 첫 번째 주제입니다. 참 연보가 있고 억지 연보가 있다는 것인데 그 둘을 가르는 기준은 무엇일까요? 본문의 표현에 의하면 준비해서 드리는 연보는 참 연보이고, 즉흥적으로 드린 연보는 억지 연보가 될 가능성이 있습니다.

헌금을 즉흥적으로 하면 어떤 위험성이 있겠습니까? 즉흥적으로 해 보셨으면 알 것입니다. 여기에는 미묘하게도 사람의 눈치를 보는 등 불순한 동기가 개입될 위험이 있습니다.

대표적으로 예루살렘 교회에서 벌어졌던 아나니아와 삽비라의 사건을 예로 들 수 있습니다. 그 사건의 문맥을 잘 보면 아나니아와 삽비라가 단순히 돈을 몰래 챙겼기 때문에 벌을 받은 것이 아닙니다. 그들은 헌금의 동기가 굉장히 잘못되어 있었습니다.

교회가 부흥이 되고 구제할 사람들이 점점 늘어나는데, 교회 재정은 턱없이 부족했습니다. 그러던 중에 사도 바나바가 자기 전답을 사도들 발 앞에 내놓습니다. 이것이라도 좀 팔아서 가난한 사람들을 구제해야겠다는 생각 때문이었습니다. 바나바는 정말 순수한 동기로 그것을 내놓았습니다만 의도와는 다르게 바나바의 인기가 치솟았고, 그에게 시선이 집중됐습니다.

아나니아와 삽비라는 자신들이 가만히 있으면 안 될 것 같은 분위기 때문에 어쩔 수 없이, 그리고 다른 사람들의 시선을 의식해서 밭을 팔았습니다. 아주 불순한 동기로 행한 일이었습니다.

일단 밭을 팔아 손에 돈을 쥐고 보니, 아까운 생각이 들었습니다. 그들은 밭을 판 돈에서 얼마를 몰래 챙겼습니다. 나머지를 사도 베드로 앞에 가져갔더니 베드로가 "당신들이 성령을 속이고 있다"고 말했습니다. 이 일의 결과로 아나니아와 삽비라 부부는 시간 차이를 두고 둘 다 죽게 되었습니다.

온 교회는 충격을 받았는데, 그 결과를 한 문장으로 설명했습니다. "크게 두려워하였더라." 이 말은 무슨 뜻입니까? 이 말이 갖는 의미는 하나님의 임재와 실체에 대해서 경건한 두려움을 갖게 되었다는 말입니다.

이것은 우리 개인의 신앙생활뿐 아니라 교회 공동체가 상실해서는 안 되는 중요한 가치입니다. 불행하게도 오늘날 교회가 가장 많이 잃어버린 가치가 바로 이 경건한 두려움입니다.

교회에서 사람의 고집이 주장되고, 사람의 소리가 높아지고, 사람의 인기가 교회의 향방을 결정하고 있습니다. 즉 사사시대가 되는 것입니다. 사람들이 각기 자기 소견에 옳은 대로 행하는 교회의 분위기가 되는 것입니다.

아나니아와 삽비라는 단순히 헌금을 숨기고 사도를 속인 것이 잘못된 것이 아니라, 헌금에 대한 그들의 동기가 잘못된 것입니다. 즉흥적인 헌금은 그런 위험성이 있고, 나아가서 사탄이 그런 경쟁심과 공명심을 이용해서 불순한 동기를 집어넣을 수가 있습니다.

헌금은 왜 준비하라고 할까요? 이 말은 단순한 준비를 말하는 것이 아니라, 기도하고 준비해서 마음에 흡족한 대로 하라는 것을 말합니다. 헌금을 흡족하게 하라는 말이 아니라 마음이 흡족한 대로 헌금을 하라는 말입니다.

[12]할 마음만 있으면 있는 대로 받으실 터이요 없는 것은 받지 아니
하시리라 (고후 8:12)

이 말은 마음이 없이 하나님께 천만금을 드려도 그 헌금은 받지 않으신다는 말입니다. 하나님께서 무슨 헌금만 받는다는 것입니까? 바로 마음이 드려진 헌금만 받는다는 뜻입니다. 이것이 헌금의 가장 중요한 원리입니다. 따라서 사도 바울이 헌금을 기도로 준비하라는 것입니다.

가끔 부흥회 같은 데 참석하면 꼭 마지막 날 잔잔한 배경음악을

깔아 놓고 부흥사가 아주 구슬프게 멘트를 날립니다. 그 집회에 참석한 사람들에게 서글픈 감정이 들도록 하면 자기 설움과 감동이 뒤섞여서 그것이 은혜인 줄 착각하게 됩니다.

다음은 어떻게 됩니까? 배우자와 상의도 없이 무리하게 헌금을 하고, 하나님께서 은혜를 주셨다고 서로가 속고 속습니다. 배우자가 알게 되면 그때는 부흥회 중이라서 미처 당신하고 상의할 시간이 없어서 그냥 바쳤노라고 말합니다. 당연히 예수님을 믿는 배우자라도 그 목사를 향해 분노하지 않을 수 없을 것입니다. 극단적인 사례이긴 하지만 실제로 종종 있는 일입니다.

즉흥적인 헌금은 이런 잘못된 동기가 들어가서, 그 불순한 동기를 통해 사탄이 작용을 할 수가 있습니다. 그래서 바울이 무엇을 강조했습니까? 준비해서 헌금하라는 것입니다.

> [6]이것이 곧 적게 심는 자는 적게 거두고 많이 심는 자는 많이 거둔다 하는 말이로다 (고후 9:6)

헌금을 강조할 때마다 이보다 더 좋은 본문이 있을까요? 그런데 과연 이 본문이 그런 의미일까요? 이런 본문을 잘못 적용하거나 해석하면 헌금이 마치 축복을 얻어 내기 위해 돈 놓고 돈 먹는 식의 계약금 정도로 곡해할 수 있습니다.

¹⁰심는 자에게 씨와 먹을 양식을 주시는 이가 너희 심을 것을 주사 풍성하게 하시고 너희 의의 열매를 더하게 하시리니 (고후 9:10)

여기에 세 가지 단어가 등장합니다. 첫 번째는 씨입니다. 씨는 무엇을 위해 심겨지는 것일까요? 열매를 위해 심겨집니다. 씨가 열매를 내기까지는 기다림의 시간이 있어야 합니다. 이 기간 동안에 먹고 살 것이 있어야 하는데 여기서는 그것을 먹을 양식으로 표현했습니다.

세 가지 주제가 모두 등장했습니다. 씨, 먹을 양식, 열매 이 세 가지를 누가 주신다는 말입니까? 바로 하나님이 주신다는 말입니다. 하나님께서 열매도 주시고, 그 열매가 나기까지 기다리는 동안에 먹고 살 양식도 주시고, 씨도 주십니다.

열매는 농부들의 수고와 경작의 결과 아니겠습니까? 그런데 정말 그럴까요? 물론 농부들이 흘린 땀을 배제할 수 없습니다. 그러나 농사의 결과로 열매가 나오기까지 가장 핵심적인 본질이 무엇입니까? 햇볕, 공기, 물입니다. 이것들 중 어느 한 가지라도 사람이 생성해 낼 수 있는 게 없습니다. 하나님이 주셔야만 가능한 조건들입니다. 그렇다면 결국 열매도 누가 주신다고 봐야 맞는 이해일까요? 하나님이 주신다고 봐야 맞는 이해입니다.

그렇다면 우리 속에 자연히 이런 질문이 올라와야 됩니다. 씨도 하나님이 주시고 그동안 먹고 살 양식도 하나님이 주시고, 열매까지 하나님이 주신다면 굳이 농사를 지을 필요가 있을까? 그럴 필요가 없지 않을까? 안 해도 되는 거 아니야? 어차피 하나님이 다 주신다고 하는데?

성경은 여기에서 놀랍게도 인간의 두 가지 책임을 강조했습니다. 첫 번째는 바로 심는 작업이 있어야 합니다. 심었으면 열매를 어떻게 하는 작업이 수반되어야 할까요? 바로 거두는 작업이 있어야 합니다. 성경에서는 이 두 가지 행동을 인간이 책임져야 할 것으로 요구했습니다.

보릿고개나 춘궁기라는 말을 아실 것입니다. 농부들이 가을에 곡식을 거두어 겨울 내내 먹습니다. 씨 뿌릴 봄쯤 되면 집안에 곡식이 다 떨어집니다. 심지어는 애들 먹을 미음 끓일 것까지 다 떨어집니다.

그럼 그때 무엇을 먹느냐 하면 칡뿌리 같은 것을 캐 먹거나 고구마, 감자 같은 것을 먹습니다. 요즘에는 그것들을 건강식으로 먹지만, 사실 보릿고개 때에는 양식이 떨어져서 먹는 식량이었습니다.

그럼에도 불구하고 끝까지 먹어서는 안 되는 것이 무엇입니까? 종자 씨입니다. 봄이 오면 뿌릴 씨입니다. 그것은 죽어도 먹어서는 안 됩니다. 애가 보챈다고 줄 수가 없습니다. 그것을 먹으면 한 끼 허기는 채워지겠지만, 1년 농사는 끝나게 됩니다.

헌금의 원리가 바로 여기에 있습니다. 다시 말해서 농부들이 씨를 뿌리는 것을, 여기서는 헌금을 드리는 것으로 비유했다는 말입니다. 농부들이 그 종자 씨를 끝까지 먹어 치우지 않고, 애들이 보채도 주지 않고, 자기가 배고파도 먹지 않았다가 결국 끝까지 남겨서 심는 것을 여기서는 헌금이라고 이야기했습니다.

돈이 쓸 데가 없고 남아서 헌금을 하는 분이 있습니까? 저는 아직까지 그런 사람을 보지 못했습니다. 돈이 많든 적든 헌금을 남아서 하는 사람은 없습니다. 그리고 그것은 헌금일 수도 없습니다.

헌금이 무엇입니까? 내가 쓸 수 있는데 안 쓰고 절제하고 아껴서 하나님께 드리는 것이 헌금입니다. 마치 농부들이 종자 씨를 끝까지 확보했다가, 더 긴 풍성한 결실을 위해서 심는 것처럼 말입니다. 헌금은 그런 것입니다.

이제 우리는 아주 중요한 결론에 도달할 수밖에 없습니다. 왜 하나님께서는 심고 거두는 과정 없이는 이 열매를 우리에게 안겨주지 못하실까요? 해, 달, 별도 만들어 하늘에 거시는 분인데, 과연 하나님께서 그것을 하실 수 없을까요? 이것은 모든 것을 우리에게 주시는 분께서 열매를 거두기까지 심고 거두는 책임을 우리에게 맡기신 것입니다. 그 이유와 동기가 바로 결론입니다.

왜 그럴 것 같습니까? 어느 책에 보니까, 헌금을 드린다는 것을 아주 멋진 단어를 사용해서 표현했습니다. 헌금을 드리는 것은 '특권'이다. 정확한 해석입니다. 헌금을 드리는 것은 아무나 할 수 있는 것이 아닙니다. 그 특권을 이해한 사람만이 드리는 것입니다.

어디를 다니다가 아주 막 고통스러울 정도로 맛있는 음식을 먹어본 경험이 있습니까? 제가 이 표현을 어디서 들었는가 하면, 제가 우리 교역자 한 분과 어느 유명한 순두부 집에서 식사를 했는데, 그분이 밥을 맛있게 먹고 나서 제게 "목사님 너무 맛있어서 고통스럽습니다"라고 말했습니다.

그 정도의 맛과 경치를 경험했을 때 가장 먼저 떠오르는 생각이 무엇입니까? 보통은 '우리 가족들을 데리고 와야겠다'라고 생각할 것입니다. 사랑하는 사람, 아끼는 사람과 좋은 것을 함께하고 싶은 마음은 인지상정입니다.

하나님의 마음은 이렇게 눈물지고 힘들고 가난한 사람들을 향해 열렬히 불타고 있습니다. 그런데 이 귀한 일을 누구와 함께 하고 싶다고 말씀하시겠습니까? 하나님은 우리 자녀들과 이 일을 하고 싶다고 말씀하실 것입니다. 이것이 바로 어마어마한 초대요 특권입니다. 그런데 이런 고귀한 헌금의 정신을, 하면 복 받고 안 하면 저주를 받는다는 식으로 생각하고, 왜 하나님을 그런 식으로 그려놓습니까?

하나님은 인색한 분이 아니십니다. 우리 죄까지도 용서하시고 기억치 않겠다고 약속하신 분입니다. 우린 장부에 썼다가 하나하나 꺼내어 괴롭히지만, 하나님은 절대 그런 분이 아닙니다. 헌금이라는 것은 그분의 거룩한 역사와 기쁨에 우리를 초대하는 특권입니다. 우리에게 기쁨을 주시기 위해서, 그 즐거움을 함께 누리게 하시기 위해서 우리를 부르시는 것입니다.

⁹우리 주 예수 그리스도의 은혜를 너희가 알거니와 부요하신 이로
서 너희를 위하여 가난하게 되심은 그의 가난함으로 말미암아 너
희를 부요하게 하려 하심이라 (고후 8:9)

이럴 때 우리가 놀라 소리쳐야 합니다. 놀랍게도 우리에게 온전
한 헌금이 되어 주시고 헌물이 되어 주신 분이 누구십니까? 예수 그
리스도이십니다. 부요하신 분으로써 자기를 가난하게 만들어서 우
리를 부요하게 만드셨습니다.

그렇다면 우리의 전 인생이 무엇이 되어야 옳겠습니까? 우리는
헌금이 되어야 됩니다. 결국 이것은 물질을 이야기하는 것이 아닙
니다. 물질은 하나의 외부적, 단선적 표현에 불구합니다. 우리의 전
인생은 그리스도께서 걸으셨던 길처럼, 부요한 자로써 가난하게 되
어 우리를 부요케 만드신 그 원리가 우리를 통해 계속 선순환의 고
리로 만들어져야 됩니다. 우리의 전 인생을 통해서 말입니다.

그리고 교회는 이러한 성도들의 기쁨의 헌신에 부응해야 할 것
입니다. 성도들이 정말 원하는 것은 단순한 재정적 투명성 이상으
로, 가치 있는 곳에 헌금이 사용되는 것입니다. 하나님께서 기뻐하
시는 일에 하나님의 헌금이 사용될 수 있도록 교회가 지혜를 모으고
마음을 같이해야 합니다. 그럴 때라야 헌금을 드리는 자가 하나님
의 기쁨에 동참할 수 있게 될 것입니다.

전도와 제자화

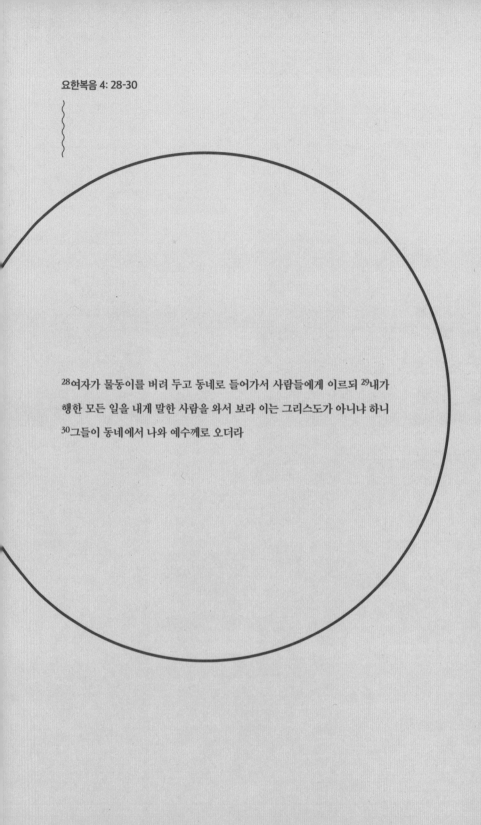

²⁸여자가 물동이를 버려 두고 동네로 들어가서 사람들에게 이르되 ²⁹내가

행한 모든 일을 내게 말한 사람을 와서 보라 이는 그리스도가 아니냐 하니

³⁰그들이 동네에서 나와 예수께로 오더라

한국 교회에서 전도만큼 강조되어 온 주제도 없을 것입니다. 한때 많은 교회가 외쳤던 구호가 "모이면 기도하고 흩어지면 전도하자"였던 것으로 기억될 만큼, 한국 교회는 전도에 열정이 있습니다.

그렇지만 한편으로는 성도들이 전도에 대한 부담을 많이 갖고 있는 것이 사실입니다. 조금 더 논리적으로 설명을 할 수 있어야 하고, 설득력과 변증적인 능력이 있어야 전도를 잘할 수 있는 것으로 생각하기 때문입니다.

그러나 과연 전도가 이토록 부담스럽고, 우리에게 무언가 많은 것을 요구하는 일인지 되짚어 볼 필요가 있습니다. 특별히 요한복음에 등장하는 수가성 우물가의 여인과 예수님의 이야기를 통해서 전도에 대한 새로운 시각을 가질 수 있었으면 좋겠습니다.

수가성 여인이 등장하는 요한복음 4장에 앞서 3장에는 니고데모 이야기가 나옵니다. 니고데모는 이스라엘의 관원이었고, 지성인이었습니다. 그는 한밤중에 예수님께서 근처에 오셨다는 소식을 듣고, 예수님을 방문했습니다.

그는 예수님께 자신이 가진 영생에 관한 질문을 쏟아 냈습니다. 예수님께서 그에게 답을 하시지만, 니고데모는 말귀를 알아듣지 못했습니다. 예수님은 '사람이 거듭나지 아니하면 하나님의 나라를 볼 수 없다'고 가르치셨지만, 니고데모의 상식에서는 도무지 깨달을 수 없는 말씀이었습니다. 그래서 결국 두 사람의 대화는 일단 어긋나고 말았습니다.

그런데 요한복음 4장으로 넘어오면서는 앞의 이야기와 정반대의 그림이 등장을 합니다. 요한복음 3장에서는 니고데모가 예수님을 찾아왔지만, 요한복음 4장에서는 예수님께서 한 여인을 찾아 가셨습니다. 요한복음 3장의 대화는 어긋난 채 끝났지만, 요한복음 4장에서는 긴 대화 끝에 이 여인이 예수님을 그리스도로 발견하게 됩니다.

이런 절묘한 배열과 대조는 무엇 때문일까요? 이것은 구원이 사람의 지적인 작용을 통해서 습득하거나, 스스로 무언가를 깨달아서 얻어지는 결과가 아니라는 것을 보여줍니다.

구원은 사람의 탐구와 노력으로 얻어지는 것이 아니라, 그리스도께서 일방적으로 하나님의 말씀으로 우리를 찾아오시는 사건이라는 것을 밝히 보여줍니다. 이 이야기의 배열 자체가 그런 구원의 실체와 본질을 드러내고 있습니다.

요한복음 4장의 시작은 이러합니다. 예수님께서 유대를 떠나 다시 갈릴리로 돌아가시는데, 사마리아를 통과하여 이동하셨습니다. 당시 유대인들은 사마리아인들과 상종하지 않았기에 일반적인 경우라면 이 지역을 우회하였을 것입니다. 그러나 성경은 예수님께서 어떤 분명한 의도를 가지고 사마리아로 향하셨음을 암시합니다.

¹⁴내가 주는 물을 마시는 자는 영원히 목마르지 아니하리니 내가 주
는 물은 그 속에서 영생하도록 솟아나는 샘물이 되리라 ¹⁵여자가 이
르되 주여 그런 물을 내게 주사 목마르지도 않고 또 여기 물 길으러
오지도 않게 하옵소서 (요 4:14-15)

예수님은 여인과의 대화 끝에 영원히 목마르지 않는 샘물에 대
해 설명했습니다. 여인은 처음에 말귀를 못 알아듣고 도대체 그런
물이 어디에 있느냐고 물었습니다. 예수님은 물리적인 물을 말한
것이 아닌데, 이 여인은 물리적인 물로 알아들었습니다.

여기에서 예수님의 절묘한 접근 방식을 발견할 수 있습니다. 이
여인의 삶에서 가장 중요한 실질적이고 본질적인 물질은 바로 물이
었습니다. 그래서 정오에 물을 길으러 나온 것입니다.

예수님은 그 여인의 현장의 필요를 빌미로 말을 건네셨습니다.
원래 사마리아 여인들뿐만 아니라 당시 여자들은 랍비와 말을 섞을
수가 없었습니다. 예수님은 우물가에 곤히 앉아 쉬고 계셨고, 제자
들은 먹을 것을 구하러 마을로 들어갔습니다. 이틈에 예수님은 이
여인을 그 우물가에서 만나게 된 것입니다.

처음에 이 여인과 예수님은 한 이름 모를 여인과 그냥 랍비로 만
났습니다. 대화 끝에 그 여인은 도대체 그런 물이 어디 있는지, 그리
고 그런 물이 있다면 나에게도 좀 달라고 요청했습니다. 그러자 예
수님께서 이렇게 말씀하셨습니다.

¹⁶이르시되 가서 네 남편을 불러 오라 (요 4:16)

예수님의 이 말씀에 대해 어떻게 생각하십니까? 물을 얻으려면 남편을 데리고 와야 합니까? 남편 있는 여자만 물을 얻을 수 있을까요? 예수님의 이 말씀은 문맥에도 맞지 않고, 무언가 생뚱맞아 보입니다. 앞뒤가 맞지 않습니다. 물을 달라는데 왜 갑자기 남편을 데려오라고 했을까요?

예수님은 그 여인을 꿰뚫어 보셨던 것입니다. 이 여인에게 지금 실질적으로 필요한 것은 물이 아니었습니다. 예수님은 그 여인의 마음 속 깊은 곳을 간파하셨고, 마음 속 고독을 발견하셨습니다. 그 여인의 삶의 허기를 보신 것입니다. 그래서 예수님은 여인에게 남편을 데려오라고 말했던 것입니다. 이때 갑자기 이 여인이 엄청난 이야기를 했습니다.

¹⁷여자가 대답하여 이르되 나는 남편이 없나이다 예수께서 이르시되 네가 남편이 없다 하는 말이 옳도다 (요 4:17)

여인은 남편이 없다고 말했습니다. 거짓말일까요? 다음 절을 보겠습니다.

¹⁸너에게 남편 다섯이 있었고 지금 있는 자도 네 남편이 아니니 네

184　　　　　　　　　　　　　　　　　　　　　　　　　　　　—

분명히 여인에게는 다섯 명이나 되는 남편이 있었습니다. 그런데 여인은 왜 남편이 없다고 말했을까요? 게다가 예수님은 여인에게 지금 살고 있는 남편도 네 남편이 아니라며 그녀의 말이 옳다고 인정했습니다.

도대체 이게 어떻게 된 노릇일까요? 갑자기 주제가 물에서 남편으로 바뀌었습니다. 지금 예수님과 이 여인의 대화 속에서 황당한 이야기가 오고 가고 있습니다. 여자는 분명히 남편이 없다 말했는데 예수님은 '네 말이 옳도다. 네가 남편이 다섯이 있었고'라고 말씀하셨습니다.

이 때문에 오랜 세월 동안 많은 학자가 이 여인에게 억울한 누명을 씌워 왔습니다. 아마도 이 여인의 생활이 아주 문란했을 것이라고 말합니다.

이를테면 이런 추측이 가능했을 것입니다. '첫 남편은 돈이 많았지만 돈을 원 없이 써 보니 허무하다는 게 느껴져 헤어졌을 거야. 그래서 이번에는 외모가 출중한 남편을 찾았는데 몇 년 살아 보니 진정한 행복을 가져다주지 못해 또 헤어졌다지. 다음에는 권력이 있는 남편을 만났을 거야.' 이런 식으로 여인에게 온갖 쓸데없는 누명을 씌워서는 생활이 난잡한 여자로 만들어 놓았습니다.

정말 그랬는지 팩트 체크를 해 볼까요? 그 시대로 돌아가 생각해 봅시다. 당시 히브리인들은 족보에 여자 이름을 넣지도 않는 문화였습니다. 여자가 자신의 필요에 따라서 남편을 선택하고 갈아치울 수 있는 권리나 권한이 얼마나 있었겠습니까? 분명하게 그것은 불가능한 일이었습니다. 우리는 이 여인에게 밑도 끝도 없는 누명을 씌워서는 안 됩니다.

그렇다면 도대체 이 여인은 어쩌다가 남편을 바꿔야만 하는 슬픈 운명에 부딪히게 되었을까요? 요한복음 4장에서 이 여인의 대화를 쭉 들여다보면 몇 가지 힌트가 있습니다. 일단 이 여인은 예배에 늘 목이 말라 있습니다. 그리스도를 기다리고 앙망하던 자였습니다. 우리가 오해했던 것처럼 문란하고 생활이 단정하지 못했던 사람이라고 하기 어렵다는 것입니다.

어쩌면 이 여인은 어떠한 이유에서인지 여러 차례 버림을 받아 이혼을 당한 여인이라고 보아야 할 것 같습니다. 그리고 지금 누군가와 살고 있지만 그마저도 정상적인 혼인 관계가 아닙니다. 이것이 어떤 상황인지 본문은 자세하게 설명해 주지는 않습니다. 그러나 이 여인이 인생에 대한 회한과 그리스도를 향한 갈망이 가득 차 있었다는 것만큼은 분명하다고 생각됩니다.

18절에 보면 예수님이 그 여인에게 다섯 명의 남편이 있었으나 지금 있는 자도 남편이 아니라고 말씀하셨습니다. 그러면 지금 그 여인과 살고 있는 남편은 몇 번째입니까? 여섯 번째 남편이 됩니다.

지금 있는 자도 네 남편이 아니라고 하셨으니, 그 여인은 몇 번째 남편을 만나야 됩니까? 일곱 번째 남편을 만나야 되는 것입니다.

이 여인에게 온전한 인생의 행복과 만족을 채워줄 수 있는 진정한 남편이 바로 그 일곱 번째 남편입니다. 그럼 그 일곱 번째 남편은 누구여야 합니까? 바로 신랑 되시는 예수 그리스도를 이야기합니다. 그래서 요한복음에서는 이 7이라는 숫자의 패턴이 굉장히 중요합니다.

7가지의 기적과 때가 일곱 번 나오는데, 전부 예수 그리스도의 죽음의 때를 가리킬 때 등장합니다. 이렇게 요한복음에서는 7이라는 패턴을 통해서 구속을 설명하고, 그리스도의 주 되심을 설명하는 기법을 사용합니다.

이 대화가 어떻게 계속 이어지는지를 살펴보겠습니다.

[19]여자가 이르되 주여 내가 보니 선지자로소이다 (요 4:19)

처음에 이 여인은 예수님을 랍비로 만났습니다. 그런데 이 선생이 여인의 눈을 열어 주었고, 이제 여인은 그를 선지자로 인식하게 되었습니다.

그 순간 여인은 예수님이 답하시기도 전에 가장 먼저 자신이 예배할 곳에 대해서 물었습니다. 자신의 조상들은 이 산에서 예배하였는데, 당신들의 말을 들어 보니 예배할 곳은 예루살렘에 있다고 하던데, 도대체 어느 것이 맞는지 물은 것입니다.

만약 여러분이 아주 신묘막측한 어떤 훌륭한 분을 만났다면 가장 먼저 무엇을 물어보겠습니까? 아마도 평소에 궁금해했고 목말라 있었던 질문을 하게 될 것입니다.

그런데 이 여인의 첫 번째 질문이 무엇이었습니까? 바로 예배에 대한 질문이었습니다. 사마리아인들은 예루살렘에서도 그들을 받아들이지 않았기 때문에 예배를 드릴 수 없었습니다. 그래서 그리심 산에다 성전을 만들어 놓고 거기서 예배를 드린 것입니다.

당시에 그리심 산과 예루살렘 중에서 어디서 예배하는 것이 진짜인지에 대한 논쟁이 있었습니다. 여인은 궁금했습니다. 내가 매일 그리심 산에 가서 예배를 드리는데, 어디서 예배를 드리는 것이 진짜입니까? 이 질문으로 봐서 이 여인은 평소에 진정한 예배에 대한 갈증이 목 끝까지 가득 차 올라와 있었던 것으로 보입니다.

그러자 예수님께서 이렇게 대답하셨습니다.

[21]예수께서 이르시되 여자여 내 말을 믿으라 이 산에서도 말고 예루살렘에서도 말고 너희가 아버지께 예배할 때가 이르리라 [22]너희는 알지 못하는 것을 예배하고 우리는 아는 것을 예배하노니 이는 구원이 유대인에게서 남이라 [23]아버지께 참되게 예배하는 자들은 영과 진리로 예배할 때가 오나니 곧 이 때라 아버지께서는 자기에게

이렇게 예배하는 자들을 찾으시느니라 ²⁴하나님은 영이시니 예배

하는 자가 영과 진리로 예배할지니라 ²⁵여자가 이르되 메시야 곧 그

리스도라 하는 이가 오실 줄을 내가 아노니 그가 오시면 모든 것을

우리에게 알려 주시리이다 (요 4:21-25)

사마리아 여인은 처음에 예배에 대해 물었고, 두 번째는 이 여인

이 누군가를 기다리고 있었다는 것이 드러났습니다. 그녀는 오실

메시아를 기다리고 있었습니다. 그 다음에 예수님이 이렇게 대답을

하셨습니다.

²⁶예수께서 이르시되 네게 말하는 내가 그라 하시니라 (요 4:26)

예수님은 그 여인이 기다린 그 메시아가 바로 자신이라고 드러

내셨습니다. 그 여인은 무척 놀라운 대답을 듣게 되었습니다. 그 오

랜 세월 동안 많은 사람이 기다렸던 그 메시아가 지금 자신의 앞에

있다는 것입니다. 그 기구한 운명의 여인 앞에 바로 예수 그리스도

께서 서 계신 것입니다.

²⁸여자가 물동이를 버려 두고 동네로 들어가서 사람들에게 이르되

(요 4:28)

이 여인은 당장 물동이를 버려두고 동네로 들어갔습니다. 이 여인에게 물동이보다 훨씬 더 중요한 것이 눈에 들어온 것입니다. 지금까지는 이 여인의 목숨을 유지하기 위한 가장 본질적인 물질이 물동이였지만, 이제는 그것마저도 제쳐 버리고 동네로 뛰어 들어가 동네 사람들에게 말하기 시작합니다.

²⁹내가 행한 모든 일을 내게 말한 사람을 와서 보라 이는 그리스도가 아니냐 하니 (요 4:29)

29절에서 사용된 '보라'라는 말은 강력한 명령형으로 기록되어 있습니다. 꼭 와 봐야 한다는 말인데, 이런 명령형은 두 가지 경우에 쓰입니다. 아주 엄중할 때 그리고 중요성과 긴박성을 강조할 때입니다.

긴박성과 중요성을 강조할 때 이 명령형을 사용하는데, 앞에 무슨 이야기가 있었습니까? 내 지난 모든 슬픈 과거를 다 알고 꿰뚫어 보시는 어떤 사람을 만났는데, 꼭 와서 봐야 돼 라고 여기까지 이야기했습니다.

그리고 나서 그 뒷말에 이렇게 돼있습니다. '그리스도가 아니냐?' 우리는 앞뒤 문맥의 흐름을 따라서 이 대목을 감탄형으로 오해를 합니다. 그런데 이건 감탄형이 아닙니다. 여기서는 의문형을 사용했습니다. 새번역이 이러한 부분을 잘 살려서 번역했습니다.

[29]"내가 한 일을 모두 알아맞히신 분이 계십니다. 와서 보십시오. 그 분이 그리스도가 아닐까요?" (요 4:29, 표준새번역)

이 여인은 부정적인 의문형 화법을 사용해서 동네 사람들에게 말하고 있습니다. 강한 확신에 찬 어조로 말하고 있는 것이 아닙니다. 그도 그럴 것이 지금 예수님을 만난 시간이 불과 얼마 되지 않습니다.

분명 그분은 선지자로 여겨질 만큼 신통한 분이었습니다. 자신의 과거를 속속들이 다 꿰뚫고 있는 분이었기에 놀라지 않을 수 없었습니다. 그리고 자신의 질문에 답하시는 그분의 가르침은 일반적인 것이 아니었습니다. 예수님께 압도당한 이 여인은 물동이까지 집어 던져 놓고는 이 놀라운 소식을 전하러 왔습니다.

그러나 그것이 이 여인이 가지고 있는 정보의 전부였습니다. 이 여인은 그리스도를 논증할 수 있는 변증력이 있는 사람이 아니었습니다. 성경을 들어서 얘기할 만한 지식이 있는 것도 아니었습니다. 자신이 경험한 예수, 자신이 만난 그리스도에 대해서 아주 조심스럽게나마, 그러나 심각하게 사람들에게 나누고 있는 것입니다. "내가 만난 이 사람이 혹시 그리스도이지 않을까요? 여러분들도 한 번 가서 보세요. 제 말이 맞는지 틀린지 한 번 만나 가보셔야 해요!"

[30]그들이 동네에서 나와 예수께로 오더라 (요 4:30)

어찌 보면 미약한 외침이었지만 사람들은 여인의 소리에 귀를 기울였습니다. 사람들은 이 여인의 말을 확인해 보기 위해서 예수님께로 향해 나아갔습니다. 그 결과 그 동네의 많은 사람이 예수님을 믿게 되었습니다.

> [39]여자의 말이 내가 행한 모든 것을 그가 내게 말하였다 증언하므로 그 동네 중에 많은 사마리아인이 예수를 믿는지라 (요 4:39)

이 여인이 설득과 논리적인 전개를 했습니까? 아니면 사실만 증언했습니까? 이 여인은 사실만 이야기했습니다. 내 지난 어두운 슬픈 과거를 다 알아맞힌 분을 만났는데 일단 와서 보라고 전한 것입니다.

그러자 그 동네 중에 많은 사마리아인이 예수님을 믿게 되었습니다. 이 여인이 그리스도에 대해 신학적인 논증을 한 것이 아니었습니다. 굉장한 논리를 가지고 사람들을 설득시킨 것도 아닙니다. 그저 자신이 만난 예수님에 대해 증언한 것입니다.

> [42]그 여자에게 말하되 이제 우리가 믿는 것은 네 말로 인함이 아니니 이는 우리가 친히 듣고 그가 참으로 세상의 구주신 줄 앎이라 하였더라 (요 4:42)

이게 무슨 뜻입니까? 그 여인의 말에 설득력이 있어서 동네 사람들이 예수님을 믿은 게 아니라는 말입니다. 이 사람들은 예수님의 말씀을 듣고 믿은 것입니다. 이 수가성 우물가의 여인은 그들에게 그냥 동기를 촉발하는 역할만 했던 것입니다. 사람들에게 그리스도를 소개하고, 그들이 그분께 나아와 말씀을 믿고 들을 수 있는 기회를 열어 준 것뿐입니다.

우리는 보통 전도에 대해 오해를 합니다. 유창한 언어 구사력과 설득력, 그리고 친화력이 있어야 전도를 잘할 수 있다고 말입니다. 그것은 전도에 대해서 완전히 잘못 이해하고 있는 태도입니다. 전도는 사람의 유창한 말과 논리력과 설득력에 있지 않습니다.

전도는 그저 진실만을 증언하면 되는 것입니다. 우리가 누군가 예수를 믿도록 굉장한 설득을 하기란 어렵습니다. 42절을 보면 "이제 우리가 믿는 것은 네 말로 인함이 아니니"라고 말합니다. 그 여인의 말이 아니라 예수님의 말씀이 그들을 믿게 했다는 것입니다.

여인은 안내자가 되었을 뿐이고, 예수님의 말씀이 그들을 설득시키고 믿게 하였습니다. 그런데 한 여인의 전도가 마을 전체에 구원이 이르게 되는 놀라운 역사를 나타나게 한 것입니다.

³⁵너희는 넉 달이 지나야 추수할 때가 이르겠다 하지 아니하느냐 그러나 나는 너희에게 이르노니 너희 눈을 들어 밭을 보라 희어져 추수하게 되었도다 (요 4:35)

이러한 놀라운 역사가 이루어지는 동안 예수님은 제자들을 향해 희어져 추수할 때가 되었으니 눈을 들어 밭을 보라고 말씀하십니다.

이것은 영혼의 밭입니다. 추수할 때가 된 밭입니다. 주님께서는 지체하지 않고 천국 백성들을 추수하여 들이기를 원하십니다. 그리하여 제자들에게도 추수할 것으로 가득 찬 영혼의 밭을 보라고 말씀하고 있습니다.

> ³⁶거두는 자가 이미 삯도 받고 영생에 이르는 열매를 모으나니 이는 뿌리는 자와 거두는 자가 함께 즐거워하게 하려 함이라 (요 4:36)

흥미롭게도 예수님은 이 추수에 동참하는 사람들이 이미 삯을 받았다고 말씀하십니다. 열심히 전도해야 삯을 받는 것이 아닙니다. 삯을 받았기 때문에 추수할 밭으로 나가야 하는 것입니다.

기독교 신앙이 왜곡되는 지점이 바로 여기입니다. 흔히 교회 성장을 위해서 전도를 강조하는 경우가 많습니다. 그 자체로는 좋은 일일 것입니다. 그런데 전도를 가지고 공로를 만드는 것을 많이 봤습니다.

전도한 사람에게 이 땅의 영광과 칭찬을 선물하는 것입니다. 그것이 단순한 격려를 넘어서 평가로 변질되고, 계급화 되고 하는 일들이 비일비재하게 일어납니다. 그러한 전도는 심하게 왜곡될 수밖에 없습니다.

그러나 예수님께서는 우리에게 즐거움과 기쁨을 주시기 위해 전도에 동참할 것을 요청하십니다. 전도는 구원의 기쁨과 즐거움에서 나옵니다. 그런데 우리는 이것을 어떻게 이해해 왔습니까? 전도해야 하늘에 상급이 많아진다 해서 전도를 공로주의로 바꿔 버렸습니다.

전도는 내가 상급을 받기 위해서 하는 것이 아닙니다. 우리는 아무것도 한 일이 없는데 이미 삯을 받았습니다. 예수님께서 우리 대신에 이 땅에 떨어지셔서 밀알이 되셨고, 우리는 그 밀알로부터 맺어진 열매를 그냥 받기만 했습니다.

우리는 거저 임한 하나님의 은혜 때문에 기쁨과 즐거움으로 예수님의 부르심과 하나님의 부르심 앞에 그냥 참여자로 나서는 것입니다. 그러니까 심는 자와 거두는 자가 함께 즐거워한다고 말씀하시는 것입니다.

앞선 장에서 헌금에 대해 설명하면서도 헌금은 하나님의 일에 우리를 초대하시는 기쁨이라고 말씀드렸습니다. 우리를 초대하시는 하나님의 사랑입니다. 그 기쁘고 복된 일을 내가 사랑하는 너희와 함께 하고 싶다는 초대가 헌금의 개념입니다.

전도도 마찬가지 입니다. 우리가 낫을 안 들고 나가면, 하나님께서 역사를 일으키지 못하실까요? 아닙니다. 하나님의 손이 없어서 우리를 부르시는 것이 아닙니다. 하나님께서는 오히려 그 추수의 기쁨에, 전도 혹은 선교라는 명목으로 초대해 주시고 불러 주시는 것입니다. 이것이 바로 전도와 선교의 본질적인 생리입니다.

¹³누구든지 주의 이름을 부르는 자는 구원을 받으리라 ¹⁴그런즉 그들이 믿지 아니하는 이를 어찌 부르리요 듣지도 못한 이를 어찌 믿으리요 전파하는 자가 없이 어찌 들으리요 (롬 10:13-14)

'누구든지 주의 이름을 부르는 자'는 무엇을 얻는다고 말합니까? 구원을 얻으리라고 말합니다. 여기서 아주 객관적으로 생각해 보시길 바랍니다. 내게 임한 구원이 내 안에서 습득되어지고 깨달아져서 자동으로 발생한 것입니까? 아니면 누군가가 외부에서 가르쳐 주고 전해 준 것입니까? 후자입니다.

이게 무엇을 말하는지 아십니까? 구원과 그 구원이 본질은 내 안에서 깨우쳐진 게 아니란 말입니다. 누군가 나에게 전해 줬다는 것은 그것이 예수님으로부터 시작해 외부로부터 왔다는 뜻입니다. 내게 구원의 이유나 근거나 기초가 없다는 이야기를 그렇게 하는 것입니다. 구원이라는 것은 외부로부터 오는 것입니다.

우리가 전도를 한다는 것은 우리에게 찾아온 구원의 역사가 오직 하나님의 은혜의 역사일 수밖에 없다는 것을 선포하고 가르치는 것입니다. 하나님께서는 그 추수를 거두는 기쁨의 장에 우리가 동참하기를 바라고 원하십니다.

생명이 태어나는 희열과 기쁨에 견줄 수 있는 또 다른 희열이 있을까요? 아마 없을 것입니다. 집안에 한 생명이 태어날 때 보면, 그 생명 하나에 모든 시선이 집중됩니다. 온 집안의 시간표와 구조가

196

그 생명 하나 때문에 다 바뀝니다. 하나님은 그 기쁨에 우리를 참여시키고 싶어 하십니다.

이 수가성 우물가의 여인은 결국 무슨 역할을 한 것입니까? 소개하고 안내하는 역할만 한 것입니다. 나머지는 누가 하셨습니까? 하나님이 다 하셨습니다. 하나님은 하나님의 구원 역사에 연약한 우리를 초대하길 원하십니다. 생명 탄생이라는 그 기쁨의 현장에 우리를 부르셔서 함께 기뻐하도록 이끄십니다.

우리 교역자 중의 한 분은 어딜 들어가거나 전도를 합니다. 그분은 고향 이야기부터 시작해서 어릴 때 교회를 나간 이야기까지 아주 다양한 레퍼토리를 사용해서 전도 대상자와 말을 틉니다. 심지어 그분은 사돈의 팔촌까지 어떻게든 다 연결해서 결국은 교회 얘기로 끝을 냅니다. 한 5분도 안 되는 짧은 시간 동안 정말 섬광 같은 번뜩이는 지혜로 접촉점을 만듭니다. 그렇다고 예수님 이야기를 깊이 하지는 않습니다. 그런데 이상하게도 그런 것들이 그 사람으로 하여금 자신을 돌아보게 만들고 지난 추억을 떠올리게 만드는 것 같습니다. 그래서 결국엔 그 작은 기억 한 편이라도 어떻게든 다시 그리스도께로 나오는 다리 역할을 하게 만드는 것 같습니다.

저는 여러분이 전도에 부담을 갖지 않았으면 좋겠습니다. 어딜 가도 성도님들 특히 중직자들의 가장 큰 부담이 전도라는 말을 듣습니다. 괜히 눈치 보인다는 것입니다.

요즘은 그렇지 않겠지만, 예전에는 주일에 부하 직원이나 종업원들을 억지로 교회에 나오게 하는 일들도 왕왕 있었습니다. 지금 같아선 상상할 수 없는 일이겠지만 말입니다.

그러나 전도는 그런 것이 아닙니다. 나의 삶을 나누는 것이고, 내가 만난 예수를 소개하는 일입니다. 억지로 사람을 끌어 앉히는 것이 전도가 아닙니다. 엄청난 말로 사람들을 매료시키는 것도 아닙니다. 나의 이야기를 소개하는 것, 그래서 사람들을 예수께 초청하는 것이 전도입니다.

그런 면에서 우리는 전도에 부담을 가져야 합니다. 다시 강조하지만 이것은 전도 실적을 채우라는 이야기가 아닙니다. 우리 삶의 목표와 지향이 달라져야 한다는 것입니다.

나의 삶에서, 내 가정에서, 내 직장에서, 캠퍼스에서, 내 삶이 맞닿아 있는 모든 자리에서 나는 예수를 가리키는 안내판 노릇을 하고 있는가? 사람들이 나를 통해 예수님에 대해 소개 받고 있는가? 아니면 나는 예수님을 감춰 놓고 조금도 사람들에게 알리지 않고 있는가? 우리는 겸허하게 질문하고 답해야 합니다.

만약 우리의 삶에서 예수님을 나누지 못하고 있다면, 우리는 주님의 초청에 다시 응답하며 나아가야 합니다. 우리를 기쁨에 동참시키고자 하는 주인의 그 마음을 헤아려야 합니다. 그리고 우리의 삶의 자리에서 예수를 증언하는 선교사로 다시 세워져야 합니다.

핍박 속에서 기뻐함

¹²사랑하는 자들아 너희를 연단하려고 오는 불 시험을 이상한 일 당하는 것 같이 이상히 여기지 말고 ¹³오히려 너희가 그리스도의 고난에 참여하는 것으로 즐거워하라 이는 그의 영광을 나타내실 때에 너희로 즐거워하고 기뻐하게 하려 함이라 ¹⁴너희가 그리스도의 이름으로 치욕을 당하면 복 있는 자로다 영광의 영 곧 하나님의 영이 너희 위에 계심이라 ¹⁵너희 중에 누구든지 살인이나 도둑질이나 악행이나 남의 일을 간섭하는 자로 고난을 받지 말려니와 ¹⁶만일 그리스도인으로 고난을 받으면 부끄러워하지 말고 도리어 그 이름으로 하나님께 영광을 돌리라 ¹⁷하나님의 집에서 심판을 시작할 때가 되었나니 만일 우리에게 먼저 하면 하나님의 복음을 순종하지 아니하는 자들의 그 마지막은 어떠하며 ¹⁸또 의인이 겨우 구원을 받으면 경건하지 아니한 자와 죄인은 어디에 서리요 ¹⁹그러므로 하나님의 뜻대로 고난을 받는 자들은 또한 선을 행하는 가운데에 그 영혼을 미쁘신 창조주께 의탁할지어다

고난이 있을 때만 기도한다는 말을 들은 적이 있습니다. 조금 의아하게 생각하고 있는데, 곧이어 "그런데 고난이 늘 있더라고요. 그래서 늘 기도할 수밖에 없습니다."라는 고백을 하는 것이었습니다. 그렇습니다. 고난은 우리 인생을 비켜 가지 않고 늘 그림자같이 따라 다닙니다.

하나님께서는 우리 인생에 두 가지 큰 은혜를 주셨습니다. 첫 번째는 당연히 예수님을 구원의 선물로 주신 것입니다. 만약에 내 인생에서 예수님을 영접하지 못했다면 지금도 방황하면서 여기가 길일까? 저기가 길일까? 하면서 헤매고 있을 모습이 상상이 안 갑니다.

만지고 누리고 느끼지만, 그 밀려오는 허무감을 달랠 수 없었을 것입니다. 그럼에도 세상 사람들이 살아가는 방식에 취해서 또 그렇게 그럭저럭 살았을 것입니다. 그러나 예수님께서 나를 만나 주셔서 인생의 방황을 접고 참된 길을 깨달아 걷게 되니 참 감사할 따름입니다.

그렇다면 두 번째 은혜는 무엇일까요? 바로 고난이라는 선물입니다. 고난이 왜 선물일까요? 우리 내면을 한번 깊이 들여다보겠습니다. 우리 안에는 철저한 이기주의, 교만, 욕망, 자기애, 이런 것들이 욕망의 폭주 기관차가 되어서 향방 없이 무서운 질주를 합니다.

그때마다 그 폭주를 멈추게 하는 역할을 했던 인생의 자국들이 무엇일까요? 그것은 고난의 흔적들입니다. 그때 아프지 않았다면, 그때 괴롭지 않았다면 내 모습은 어떻게 돼 있었을까 하고 생각해 보면, 크게 두려울 뿐입니다.

고난당할 때에는 그 사실을 인지하지 못하지만, 훗날 돌이켜 보면 고난이야말로 하나님의 선물이었구나 하는 것을 깨닫습니다.

고난에는 크게 두 가지 종류가 있습니다. 첫 번째는 자기가 실수하고 잘못해서 겪는 고난입니다. 그것은 엄밀히 말해서 성경이 말하는 고난이나 환난이라고 부르기 어렵습니다.

그리스도인이 당하는 진정한 고난은 예수 그리스도를 영접하고, 그분의 가치를 따라서 그분이 걸어가신 길로와 자취를 따르겠다고 결단하고 나섰을 때 닥치는 불이익과 손해 같은 것들을 말합니다.

그렇다면 베드로전서 4장에서 말하는 고난은 둘 중에 어느 것을 말합니까? 당연히 후자입니다. 예수 그리스도를 붙들고 그분의 말씀을 지켜 살아가면서 부딪칠 수밖에 없는 고난을 말합니다.

베드로전서가 기록된 당시 소아시아 지역의 그리스도인들은 극심한 환난을 겪고 있었습니다. 이 고난의 실체에 조금 더 깊게 다가서기 위해서는 베드로 사도가 베드로전서를 쓸 때의 시대적 상황이 어떠했고, 누구에게 이 글을 썼는지 알 필요가 있습니다.

베드로전서는 A.D.62년에서 64년 사이에 기록되었다는 견해가 일반적입니다. 이 당시는 네로가 로마의 황제로 재임하던 시기였습니다. 네로 황제는 폭군으로 유명합니다. 전해지는 이야기에 따르면 시상이 떠오르지 않는다는 이유로 방화를 저질렀는데, 그 불이 로마 시내를 덮으며 걷잡을 수 없이 커져 불바다가 되어 버립니다. 사람들 사이에서는 광기에 사로잡힌 황제가 저지른 범죄일 거라는 여론이 들끓었습니다.

그런데 이것을 눈엣가시였던 기독교인들, 그러니까 교회에 모든 죄를 덮어씌웁니다. 당시 그리스도인들은 그리스도인이라는 이유만으로 여러 고난 속에 던져졌습니다. 이유 없이 사람들에게 미움과 따돌림, 언어적 폭력을 당하는 것이 일상에서 다반사였습니다.

또한 로마 황제에 대한 숭배가 싹터 가는 시기였기 때문에 오직 예수 그리스도만을 주로 고백하는 교회는 핍박의 대상이 될 수밖에 없었습니다. 이렇게 일상적으로 고난에 노출되어 있는 성도들을 향해 베드로는 글을 쓰고 있는 것입니다.

¹²사랑하는 자들아 너희를 연단하려고 오는 불 시험을 이상한 일 당하는 것 같이 이상히 여기지 말고 (벧전 4:12)

베드로는 고난당하는 성도들을 향해 이런 불 시험을 이상히 여기지 말라고 말합니다. 여기서 이상히 여기지 말라는 뜻은 놀라지 말라는 말입니다. 즉 이러한 시험과 고난은 성도에게 있어서 당연하다는 뜻이 됩니다.

오래전에 은사님 중에 한 분이었던 박윤선 박사님이 채플 시간에 하셨던 설교 문구가 기억납니다. "여러분 지금이라도 저 교회 문을 나서서 살아 보십시오. 지금(70년대) 한국 교회와 성도들의 진짜 문제가 뭔지 압니까? 이런 환난과 고난이 문제가 아니라 하나님의 말씀대로 살다가 문 닫은 교회, 하나님 말씀대로 살다가 망한 성도가 없어서 문제입니다."

그때는 어린 마음에 그 말씀이 잘 이해가 되질 않았습니다. 그때도 세상은 참 어지러웠을 때인데 말입니다. 그런데 박윤선 박사님의 그 말씀이 지금까지 잊히지 않습니다. 왜 지금은 그와 같은 환난이 없습니까? 아마도 내가 무감각해져 있거나 세상과 잘 섞여서 살고 있기 때문일 것입니다.

몇 년 전, 이 책의 내용과 같은 주제로 설교를 하면서 가장 어려웠던 순간은 부동산 투기하지 말라는 메시지를 전할 때였습니다. 지금도 그렇지만 당시 너무나 뜨거운 감자였기 때문에 여러 가지 볼멘소리를 많이 들어야 했던 기억이 납니다.

그러나 설교자로서 충격적이었던 것은 그 설교를 들은 주간에 당장 부동산을 팔고 정리한 성도들도 꽤 있었다는 것입니다. 몇 년이 지난 지금의 시점에서 돌이켜 보면 성도들의 그러한 행동은 정말 큰 손해를 각오한 행동이었겠다 하는 생각이 듭니다. 그때 만약 설교를 듣고도 한 귀로 흘리고 그냥 두었다면 지금 엄청난 차익을 볼 수 있었을 것입니다. 세상의 기준과 대세의 흐름에 몸을 맡겼다면 굳이 이런 손해를 볼 일도 없었을 것입니다.

그래서 우리에게 닥쳐오는 불 시험이 이상한 것은 아니라는 말이 어쩌면 마땅하고 당연한 것입니다. 베드로는 지금 그 이야기를 하고 있습니다. 우리의 연단을 위해서 불 시험이 올 때 이상하게 여기지 말고, 놀라지 말고, 그것을 당연하게 여기라는 것입니다.

그리스도인들이 이 거대한 세상의 구조적인 약속과 비틀려진 가치관 속에서 살아 내려면 그것을 거슬러야 하고, 그것을 좇지 말아야 하고, 그곳에 앉지 말아야 합니다.

그렇게 하려면 손해를 각오하고 불이익을 감당해야 합니다. 그래서 오해와 누명과 억울함을 뒤집어 쓸 수밖에 없습니다. 하나님의 말씀을 붙들고 말씀대로 살아야지 하고 각오를 하고 세상을 향해 나서면서부터 손해 볼 각오를 해야 합니다.

¹³오히려 너희가 그리스도의 고난에 참여하는 것으로 즐거워하라 이는 그의 영광을 나타내실 때에 너희로 즐거워하고 기뻐하게 하려 함이라 (벧전 4:13)

이 말씀에 동의가 되십니까? 솔직히 어떻게 생각하십니까? 고난 당하는 것을 이상한 일을 당하는 것으로 여기지 않는 것까지는 이해했다고 치더라도, 어떻게 그리스도의 고난에 참여하는 것으로 기뻐할 수 있습니까? 그런데 본문은 분명하게 즐거움을 넘어서 기뻐하고 즐거워하라고 말합니다.

그래서 어떤 사람들이 종교를 민중의 아편이라고 비아냥거린 것은 아닐까요? 이게 맨정신으로 가능한 일입니까? 지금 당장 혀가 타들어가고, 입이 마르고, 가슴이 새까매지는데, 어떻게 즐거워하고 기뻐합니까?

여기에는 고난이 갖고 있는 신비가 있습니다. 이것은 하나님의 참 놀라운 방식인데, 이를 확인하기 위해 베드로전서 2장 22절과 24절을 살펴보겠습니다.

[22]그는 죄를 범하지 아니하시고 그 입에 거짓도 없으시며 [23]욕을 당하시되 맞대어 욕하지 아니하시고 고난을 당하시되 위협하지 아니하시고 오직 공의로 심판하시는 이에게 부탁하시며 [24]친히 나무에 달려 그 몸으로 우리 죄를 담당하셨으니 이는 우리로 죄에 대하여 죽고 의에 대하여 살게 하려 하심이라 그가 채찍에 맞음으로 나희는 나음을 얻었나니 [25]너희가 전에는 양과 같이 길을 잃었더니 이제는 너희 영혼의 목자와 감독 되신 이에게 돌아왔느니라 (벧전 2:22-25)

예수님은 우리를 위하여 십자가에서 죽으신 것이 아니라, 우리를 대신하여 돌아가셨습니다. 그래서 대속의 십자가라고 부릅니다. 그런데 그분은 왜 우리를 대신하여 죽으셨습니까? 왜 예수님은 억울한 누명까지 다 뒤집어쓰고 죽으셨습니까?

예수님은 우리를 의에 대하여 살게 하시려고 십자가에서 죽으신 것입니다. 예수님께서 그 고난과 죽음을 당하셔서 어떤 열매가 맺혔는가 하면, 우리가 새 생명과 그 생명을 위하여 살아가도록 하는 결과의 열매를 맺었습니다.

그러므로 우리가 오해하지 말고 기억해야 할 것이 있습니다. 우리가 예수 그리스도의 고난에 참여한다고 해서, 예수님께서 우리를 구속하신 사건에 조금도 기여할 수는 없다는 사실입니다. 우리의 구원을 위한 고난은 오로지 예수 그리스도만이 감당하실 수 있는 일입니다. 우리는 그 고난에 0.00001%도 기여할 수 있는 존재가 아닙니다.

그렇다면 왜 우리를 그리스도의 고난에 동참시키시는 것입니까? 여기에 바로 신비가 있습니다.

[13]오히려 너희가 그리스도의 고난에 참여하는 것으로 즐거워하라 이는 그의 영광을 나타내실 때에 너희로 즐거워하고 기뻐하게 하려 함이라 (벧전 4:13)

이 구절에 두 가지 의미가 있습니다. 첫 번째는 예수님께서 우리를 살리기 위해서 십자가에서 죽으시고 걸어가신 그 길을, 이제는 그 은총을 받아 구원을 얻은 우리가 기쁨으로 동참을 해야 한다는 것입니다.

그러면 이것이 무슨 뜻입니까? 우리는 이제 그분이 걸어가신 가치관과 그분이 살아 내신 삶의 형식, 그리고 그분이 걸어가시는 목적지를 향해서 그분에게 동참을 하는 것을 의미합니다.

이 동참한다는 것이 무엇을 확인하는 작업인가 하면, 우리가 그리스도와 함께 되었고 그분과 연대되었다는 것을 확인하는 작업입니다. 다시 말해 내가 그리스도 때문에 불이익을 당하고 손해를 겪는 것은, 내가 이미 그분과 함께 되었다는 것을 확인하는 작업인 것입니다.

여기서 참여라는 말은 우리가 흔히 '코이노니아'라고 말하는 단어의 동사입니다. 코이노니아는 교제라는 말입니다. 놀랍게도 고난은 주님께서 우리와 교제하시는 또 다른 얼굴이라는 말입니다.

이 참여라는 개념 속에는 두 가지 의미가 있다고 말씀드렸습니다. 첫 번째는 내가 그리스도와 연대되었다는 보증서이고, 두 번째는 예수님이 우리와 교제하는 또 다른 방식입니다. 교제는 늘 잔칫집 같은 분위기로만 진행되는 것은 아닙니다. 주님은 항상 고통 속에서도 그 방식과 형식을 통해서 우리와 교제를 하기 원하십니다.

그러니까 고난은 주님이 우리에게 무엇을 해 들어오시는 방식입니까? 교제를 해 들어오는 방식입니다. 왜 그렇게 하실까요? 이렇게 해야지만 우리가 그리스도의 신부로서 정결하게 되기 때문입니다. 인간이라는 본성은 어쩔 수가 없습니다. 감기라도 걸려야 아버지를 찾는 존재가 바로 인간입니다.

그렇다면 하나님께서는 끊임없는 고난의 여정 속에서 우리 혼자 얼마나 잘 버티는지 그냥 팔짱끼고 지켜보고만 계실까요?

> [14]너희가 그리스도의 이름으로 치욕을 당하면 복 있는 자로다 영광의 영 곧 하나님의 영이 너희 위에 계심이라 (벧전 4:14)

그리스도인이라는 이유로 고난 받는 자리에 하나님의 영, 곧 성령이 함께 하십니다. 그래서 우리가 축도할 때 보면 성령의 교통하심이라는 말이 나오는데, 여기서 이 교통이라는 말이 교제하심이라는 뜻입니다.

성령님은 이제 우리 속에 영원히 내주하셔서 지금도 우리와 교통하고 계심으로써 우리를 도와주십니다. 성령님은 우리가 하나님께 빌 바를 알지 못할 때에도 말할 수 없는 탄식으로 우리에게 교통해 들어오십니다. 즉 성령님은 우리와 교제하시는 하나님이십니다. 이것은 삼위 하나님의 교제 속에 우리를 초대해 주시는 것입니다.

이렇게 하나님은 고난의 방식으로도 우리에게 교제해 들어오십니다. 이것은 엄청난 사건입니다. 하나님은 즐거운 현장에서만 우리와 함께 하시는 것이 아니고, 우리가 눈물을 흘리며 아픔과 고난 속에서 있을 때에도 우리와 교제하기를 원하십니다.

그렇다면 우리가 취해야 될 최고의 지혜로운 전략과 태도는 무엇일까요? 19절을 함께 살펴보도록 하겠습니다.

¹⁹그러므로 하나님의 뜻대로 고난을 받는 자들은 또한 선을 행하는 가운데에 그 영혼을 미쁘신 창조주께 의탁할지어다 (벧전 4:19)

여기서 '의탁'이라는 표현에 주목해야 합니다. 의탁이라는 말은 예수님께서 마지막 십자가의 현장에서 아버지께 보이셨던 최종적인 태도였습니다. "내 영혼을 아버지께 의탁하나이다." 우리 하나님의 자녀들의 최고의 인생 전략은 하나님께 의탁하는 것입니다.

다시 말해, 최고의 지혜는 하나님의 자비에 자기의 전 인생을 던지는 것입니다. 그것이 최고의 전략입니다. 보통 의탁이라고 하면 굉장히 수동적인 태도로 생각합니다. 그렇지 않습니다. 의탁하는 태도야말로 하나님의 자녀가 가장 적극적으로 감당해야 될 순종의 형태입니다.

왜 사도 베드로는 환난과 핍박 중에 있는 성도들을 향해서 즐거워하고 기뻐하라고 했을까요? 그것은 하나님께서 고난 속에도 우리에게 찾아오셔서 우리와 교제하시기 때문입니다. 그것으로 인해 우리가 하나님, 그리고 예수 그리스도와 연대되어 있다는 확인을 하게 되는 것입니다.

그렇다면 우리에게 터져 나와야 하는 가장 외적인 표정은 무엇이어야 할까요? 그것은 고난 가운데서도 즐거워하고 기뻐하는 것입니다. '하나님께서 이 고난을 통해서 나랑 깊은 사귐을 갖고 싶어 하시는구나, 나는 하나님의 자녀구나, 이 고난을 통해서 내가 하나님 아버지의 마음을 배우기 원하시는구나' 라고 생각해야 합니다.

몇 년 전 일본 나가사키에 가서 어떤 그림을 보고 충격을 받아 한동안 말을 잃고 그 앞에 멍하니 서 있었던 적이 있습니다. 일본 기독교인들은 무시무시한 군부가 통치하던 시대에 목숨 걸고 예수를 믿었습니다. 그들의 마지막은 그들을 처형하기 위해 설치된 십자가 형틀이 놓인 언덕으로 향하는 것이었습니다.

그 그림에서 맨 앞에 서 있는 사람이 팔을 벌리고, 어떤 아낙네는 자녀 손을 잡고 그 언덕을 향해 뛰어갑니다. 그들은 자신들이 처형될 가파른 언덕을 향해서 달려가고 있습니다. 너무 충격적이지 않습니까? 도대체 고난 앞에서도 기뻐할 수 있는 저들 안에 있는 소망은 무엇이었을까요?

이 본문을 읽다가 바로 그 그림이 탁 떠올랐습니다. 나중에 그 그림에 대한 설명을 들었는데, 그분들이 처형된 후 보니까 한 사람 앞에 두 개의 무덤이 있었다고 합니다. 왜 두 개의 무덤이 있었을까요? 머리는 이 도시에 묻고, 몸은 저 도시에 묻어버린 것입니다. 왜 그렇게 했는지를 물었더니 일본군은 그리스도인들이 죽기 전에 부활을 강조했기 때문에 혹 살아날지도 모른다고 생각했다고 합니다. 역설적이게도 그 군인들도 부활을 믿었던 것 같습니다.

이 순교자들 앞에 있던 그 기쁨의 정체는 무엇이었을까요? 그들은 지금 죽음이 다가오고 있었지만, 그것이 전혀 두렵지 않았습니다. 이 고난 속에도 주님께서 나에게 교제해 들어오시고, 내가 그분과 함께 연대되어 있다는 이 기쁨이 그들에게 가득했기 때문입니다. 우리도 이들과 같이 이런 궁극적인 소망을 우리 삶의 동력으로 삼아야 하지 않겠습니까?

우리가 핍박 속에도 환난 속에도 기뻐하고 즐거워해야 할 이유가 바로 여기에 있습니다. 어려움 속에서 우리는 더 깊이 하나님과 교제하게 됩니다. 영광의 영, 하나님의 영이 확실한 보증으로서 우리와 함께 하십니다. 아무리 어려운 길이라 할지라도 하나님이 우리와 동행하시면 그 길은 영광스러운 길입니다.

시대는 혼란스러워져 가고, 세상에는 암울한 소식이 가득할지라도 우리가 소망을 잃을 수 없는 이유입니다. 하나님이 우리와 함께 하십니다. 그분 안에서 다시 힘을 얻고 새로운 출발을 하는 우리가 되길 소원합니다.